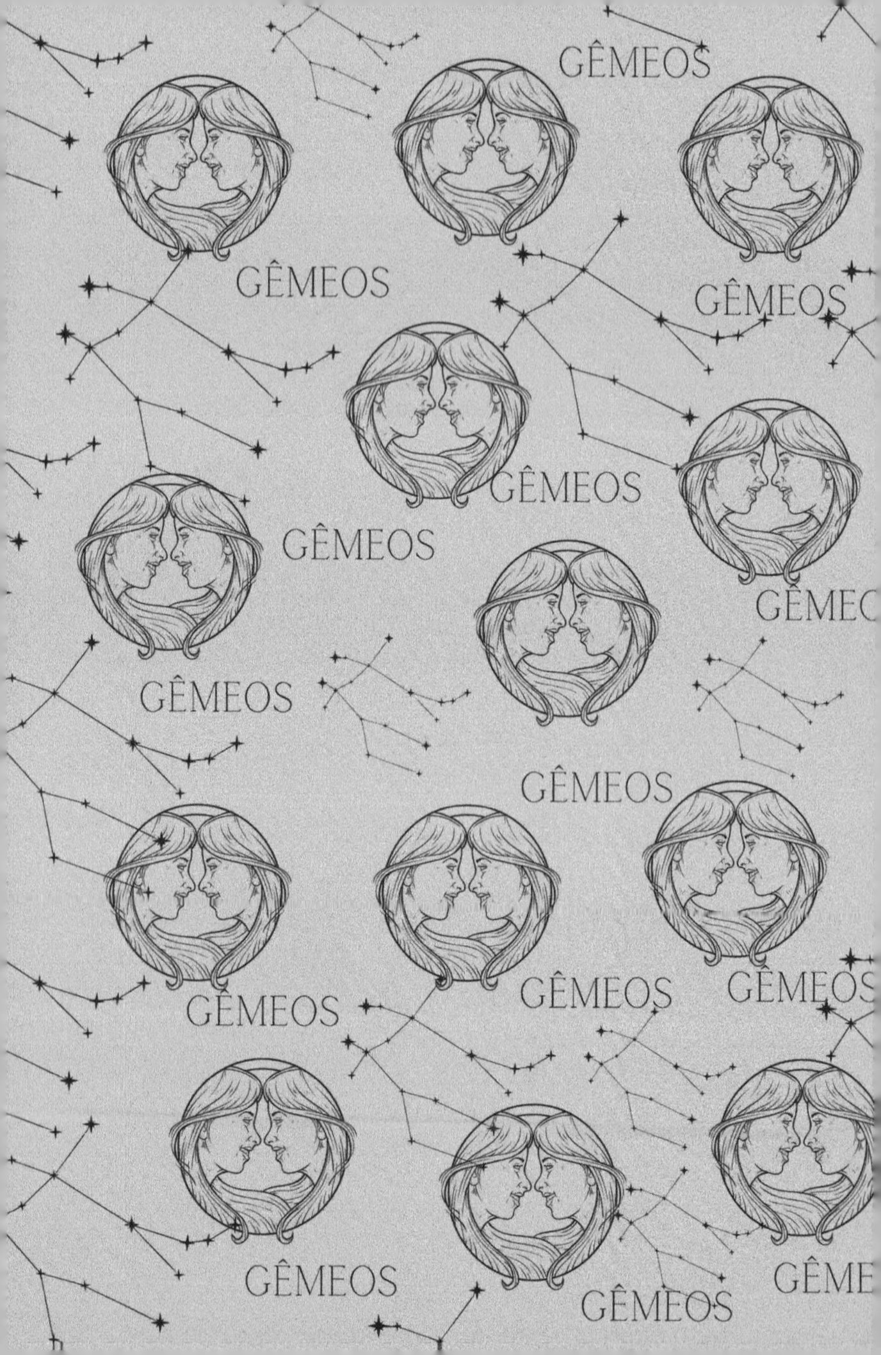
GÊMEOS
GÊMEOS
GÊMEOS
GÊMEOS
GÊMEOS
GÊMEOS
GÊMEOS
GÊMEOS
GÊMEOS
GÊMEOS
GÊMEOS
GÊMEOS

A BRUXA DE GÊMEOS

Sobre os Autores

Ivo Dominguez, Jr. (Georgetown, DE), tem atuado na comunidade mágica desde 1978. Ele é um dos fundadores do Keepers of the Holly Chalice, o primeiro Coven Assembly of the Sacred Wheel. Atualmente, trabalha como um dos Elders da Assembleia. Ivo é autor de vários livros, incluindo *The Four Elements of the Wise* e *Practical Astrology for Witches and Pagans*. Em sua vida mundana, foi programador de computador, diretor executivo de uma organização sobre AIDS/HIV, dono de uma livraria, entre muitas outras coisas. Visite-o em: www.ivodominguezjr.com.

Sobre os Autores

Laura Tempest Zakroff é uma artista profissional, autora e Bruxa Moderna Tradicional radicada na Nova Inglaterra. Ela possui um BFA do The A Rhode Island School of Design e seu trabalho artístico recebeu prêmios e homenagens em todo o mundo. Sua obra integra elementos míticos e esotéricos em seus desenhos e pinturas, assim como em suas joias, talismãs e outros designs. Laura é autora de vários títulos mais vendidos da Llewellyn, incluindo *Weave the Liminal; Sigil Witchery* e *Anatomy of a Witch*, bem como a artista/autora de *The Liminal Spirits Oracle* e *The Anatomy of a Witch Oracle*. Ela também editou *The New Aradia: A Witch's Handbook to Magical Resistance* e *The Gorgon's Guide to Magical Resistance da Revelore Press*. Laura é a força criativa por trás de vários eventos comunitários e ministra workshops mundialmente. Visite-a em http://www.lauratempestzakroff.com.

BRUXA DE GÊMEOS

Ivo Dominguez Jr.
Laura Tempest Zakroff

Publicado originalmente em inglês sob o título
"Gemini Witch: Unlock the Magic of Your Sun Sign"

Published by Llewellyn Publications -
Woodbury, MN, 55125, USA, www.llewellyn.com

Editor responsável: Claudiney Prieto
Coordenação Editorial: Luciana Papale
Capa: Ardane Books
Revisão: Papale's Editorial
Diagramação: Lara Design Editorial
Tradução: Rejeane Melo

DADOS INTERNACIONAIS DE CATALOGAÇÃO NA PUBLICAÇÃO (CIP)
CÂMARA BRASILEIRO DO LIVRO, SP, BRASIL

D671 Dominguez, Ivo Jr.
Bruxa de Gêmeos - Desperte a Magia do Seu Signo / Ivo Dominguez Jr., Laura Tempest Zakroff; Tradução de: Rejeane Melo
Editora Ardane | 1ª edição | São Paulo | 2024

Tradução de: GEMINI WITCH- UNLOCK THE MAGIC OF YOUR SUN SIGN
ISBN: 978-65-85370-28-8

1. Wicca. 2. Bruxaria 3. Esoterismo. 4. Magia 5. Astrologia I. Título.

CDD 133.43
CDU 133.4

EDITORA ARDANE
www.ardane.com.br
Fone: (11) 97774-4013
E-mail: contato@ardane.com.br
Instagram: @ardanebooks

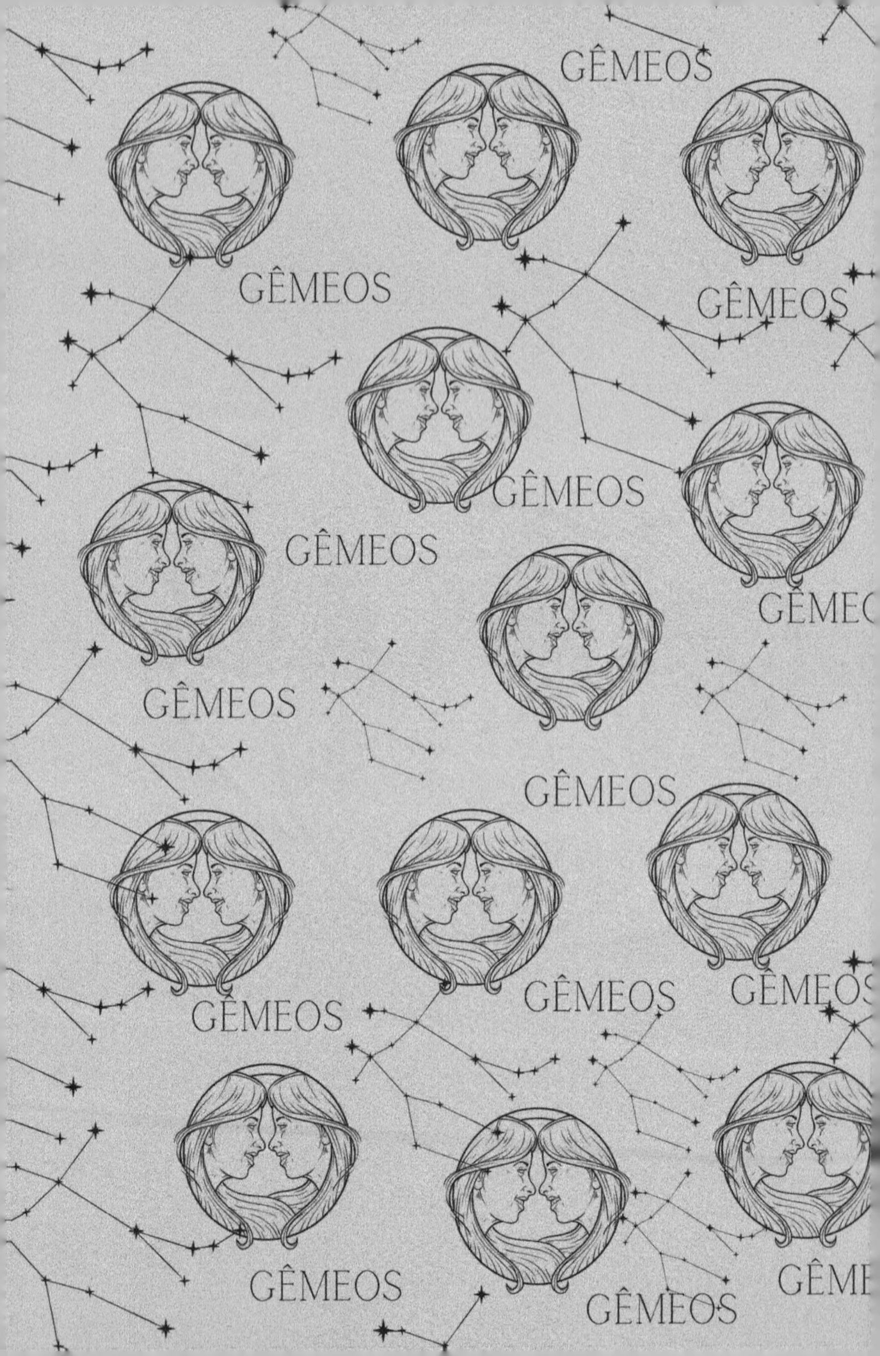
GÊMEOS
GÊMEOS
GÊMEOS
GÊMEOS
GÊMEOS
GÊMEOS
GÊMEOS
GÊMEOS
GÊMEOS
GÊMEOS
GÊMEOS

AVISO

A Editora Ardane e seus escritores não se responsabilizam por eventuais lesões ou danos sofridos pelo leitor que possam decorrer da utilização do conteúdo presente nesta obra. Sugerimos prudência e ponderação ao realizar as práticas apresentadas neste livro. O conteúdo desta leitura não tem como objetivo substituir orientações de profissionais da área médica ou psicológica. Recomendamos aos leitores que procurarem seus especialistas em saúde pessoal, para possíveis tratamentos. O uso de ervas, plantas e óleos essenciais deve ser feito com cuidado e uma investigação detalhada acerca de qualquer planta citada neste livro deve ser conduzida pelo leitor antes de manuseá-la. Ao lidar com fogo, siga as medidas de segurança contra incêndios e jamais deixe velas ou outras fontes incandescentes sem supervisão.

SUMÁRIO

FEITIÇOS, RECEITAS E PRÁTICAS

INTRODUÇÃO

Ivo Dominguez, Jr.

Este é o terceiro livro da série "A Bruxa de Cada Signo", composta por doze volumes que traz um livro para cada signo solar, porém, com foco especial na Bruxaria. Esta série explora e homenageia os dons, as perspectivas e as alegrias de ser uma Bruxa pela ótica do seu signo solar. Cada livro contém informações sobre como o seu signo afeta sua magia e experiências de vida com percepções fornecidas por Bruxas de cada signo, bem como feitiços, rituais e práticas para enriquecer sua Bruxaria. Uma série voltada para ajudar as Bruxas a crescerem, desenvolverem-se e integrarem o poder de seu signo solar em todas as suas práticas. Cada livro conta com a contribuição de dez autores diferentes, oferecendo diversas interpretações sobre o significado de ser uma Bruxa de um determinado signo. Todos os livros da série "A Bruxa de Cada Signo" apresentam amostras de possibilidades, com peças que são intensas, divertidas, práticas, curativas, instrutivas, reveladoras e autênticas.

Boas-vindas à Bruxa de Gêmeos

Meu nome é Ivo Dominguez Jr., e eu sou Bruxo e Astrólogo há mais de quarenta anos. Neste livro, e em toda a série, escrevi os capítulos focados em informações astrológicas e colaborei com os outros escritores. Pelo bem da transparência, sou sagitariano, e a maioria dos outros autores deste livro são de Gêmeos.[1] Os capítulos que focam na experiência vivida por ser uma Bruxa de Gêmeos foram escritos pela minha coautora, Laura Tempest Zakroff, que é uma artista visionária, autora, dançarina, designer, organizadora comunitária e Bruxa Tradicional Moderna há mais de duas décadas. Os feitiços e trechos mais breves escritos para este livro vêm de um grupo diversificado de talentosas Bruxas de Gêmeos. Essas práticas proporcionarão uma compreensão mais profunda de si mesma como nativa de Gêmeos e como Bruxa. Com as informações, percepções e métodos oferecidos aqui, sua natureza de Gêmeos e a sua prática de Bruxaria estarão em harmonia. O processo de se tornar plenamente você mesma envolve encontrar, refinar e fundir todas as partes que moldam a sua vida e a sua identidade. Embora tudo pareça muito sério, o conteúdo deste livro vai do alegre ao profundo para fazer justiça ao tema. Além disso, este livro traz sugestões práticas sobre como utilizar o poder do seu signo solar para aprimorar o seu ofício como uma Bruxa.

1. As exceções são Dawn Aurora Hunt, que contribui com uma receita para cada signo da série e Sandra Kynes, cujas correspondências estão listadas no apêndice.

Sabemos que existem diversos livros sobre o signo de Gêmeos, sobre Astrologia e sobre Bruxaria. No entanto, este livro se dedica inteiramente a explorar como ser plenamente uma Bruxa de Gêmeos. Há também uma vasta quantidade de material disponível em blogs, memes e vídeos direcionados ao signo de Gêmeos. Esse conteúdo varia do sério ao sarcástico, e uma boa parte disso é pouco útil ou necessária. Depois de ler este livro, você estará mais bem equipada para discernir quais desses materiais poderá levar a sério e utilizar, e quais são bons para dar boas risadas, mas não muito mais que isso. Há uma boa chance de você voltar a reler alguns capítulos para obter uma compreensão mais aprofundada de alguns pontos abordados.

Este livro destina-se a ser lido mais de uma vez; algumas partes podem até se tornar material de referência, podendo ser utilizado por anos. Considere manter uma pasta digital ou em papel para suas anotações e ideias sobre ser uma Bruxa de Gêmeos.

O Que Você Vai Precisar

Conhecer o seu signo solar é suficiente para entender um pouco deste livro. No entanto, para usar todo o material aqui contido, será necessário conhecer seu mapa astral para conferir seu signo lunar e ascendente. Além da sua data de nascimento, seria útil ter a sua localização e, se possível, a hora exata do nascimento. Se você não souber o horário exato, pode tentar obter uma cópia da sua certidão de nascimento, embora nem todas listem os horários. Se for razoável e se sentir confortável, peça informações aos seus familiares. Eles podem se lembrar de uma hora exata, ou mesmo reduzi-la a um intervalo de horas que será útil, uma boa solução, caso não tenha a hora exata do seu nascimento. Como leva alguns minutos para criar mapas astrais usando um software, o ideal seria executar seus mapas com espaços de trinta minutos ao longo de um intervalo de horas que contém seus possíveis horários de nascimento. Ao ler os capítulos que descrevem as características dos signos lunares e dos signos ascendentes, você pode reduzir a pilha dos mapas possíveis para apenas algumas opções. Leia as descrições e encontre o mapa cuja combinação de signo lunar e ascendente soe verdadeiro para você. Existem técnicas mais refinadas que um astrólogo profissional pode utilizar para interpretar um mapa astral com maior precisão. No entanto, conhecer seu signo solar, lunar e ascendente é tudo que você precisa para este livro. Há inúmeros sites on-line que oferecem mapas astrais básicos gratuitos. Geralmente, por uma pequena taxa, esses sites oferecem opções para mapas mais detalhados.

É aconselhável ter um calendário astrológico de parede ou um planner astrológico diário para acompanhar o signo e a fase da Lua. Você vai querer acompanhar o que seu planeta regente, Mercúrio, está fazendo. Com o tempo, conforme seu conhecimento cresce, provavelmente você vai começar a observar a posição de todos os planetas, quais seus aspectos atuantes e quando estão retrógrados ou diretos. Tudo isso pode ser feito em um aplicativo ou em um site, mas muitas vezes é mais prático folhear um calendário ou agenda para ver o que está acontecendo. Folhear este livro ao longo das semanas e meses pode fornecer uma melhor compreensão de como se preparar para as próximas influências celestiais. Além disso, os calendários e planners incluem informações básicas sobre astrologia e podem ser um ótimo ponto de partida para iniciar seus estudos nessa área.

Você é Uma Geminiana e Muito Mais Que Isso

Cada pessoa é única, complexa e uma mistura de características que podem colidir, complementar, competir ou colaborar umas com as outras. Este livro é direcionado para o seu signo solar em Gêmeos e oferece pontos de partida para compreender seu signo lunar e ascendente. A intenção aqui não é responder a todas as suas perguntas ou alcançar a perfeição, pois há outros fatores que contribuem para a individualidade de cada pessoa. No entanto, você encontrará mais do que o suficiente para enriquecer e aprofundar sua prática de Bruxaria como uma geminiana. Haverá também descrições com as quais você pode não concordar ou achar que não a representam. Em alguns casos, isso estará correto, em outros, pode acabar reconhecendo que as informações se aplicam sim a você. A Astrologia pode ser usada para magia, adivinhação, desenvolvimento pessoal e muito mais. Não importa o propósito, sua compreensão da Astrologia mudará ao longo do tempo, conforme sua vida se desenrola e sua experiência e autoconhecimento se ampliam. Você provavelmente retornará a este livro

várias vezes à medida que for encontrando oportunidades para utilizar mais de suas percepções e métodos. Isso pode parecer um conselho estranho de se encontrar em um livro para uma Bruxa de Gêmeos, mas lembre-se de que você é mais do que apenas uma Bruxa de Gêmeos. No processo de reivindicar a identidade de ser uma Bruxa, é comum querer ter uma clara e firme definição de quem você é. Às vezes, isso significa identificar-se com uma categoria, como Bruxa do Fogo, Bruxa das Ervas, Bruxa dos Cristais, Bruxa da Cozinha, e assim por diante. É útil tomar consciência das afinidades que você tem, desde que não se limite nem se vincule a ser menos do que realmente é. O melhor uso para este livro é descobrir todas as partes de Gêmeos que há em você para que possa integrá-las de maneira eficaz. As melhores Bruxas que conheço têm especialidades bem desenvolvidas, mas também são bastante sintonizadas com seus conhecimentos e práticas.

Avante!

Dito isso, o Sol é o ponto de partida para seu poder e sua jornada como Bruxa. O primeiro capítulo deste livro aborda a profunda influência que seu signo solar exerce sobre você, então, por favor, não pule nenhum conteúdo; comece pelo início. Na sequência, Laura vai mergulhar na magia e nas práticas que vêm naturalmente para as Bruxas de Gêmeos. Eu servirei como um guia, mostrando os benefícios de escolher horários, lugares, eventos e outras coisas para energizar sua magia com o signo de Gêmeos. Laura também compartilhará algumas histórias pessoais da vida real sobre como administrar as vidas ocupadas que os geminianos escolhem, além de conselhos sobre as melhores maneiras de se proteger espiritualmente e estabelecer bons limites quando necessário. Vou apresentar aqui, como o seu signo lunar e seu signo ascendente moldam sua magia. Laura proporcionará grandes histórias sobre como sua natureza de Gêmeos surge em sua vida como Bruxa e, em seguida, dará sugestões sobre autocuidado e autoconsciência. Um ritual completo também será compartilhado por mim para chamar o espírito do seu signo. Por fim, Laura oferece sua sabedoria sobre como se tornar uma melhor Bruxa de Gêmeos. Ao longo de todo livro, você encontrará tabelas de correspondências, feitiços, receitas, técnicas e outros tesouros para adicionar às suas práticas.

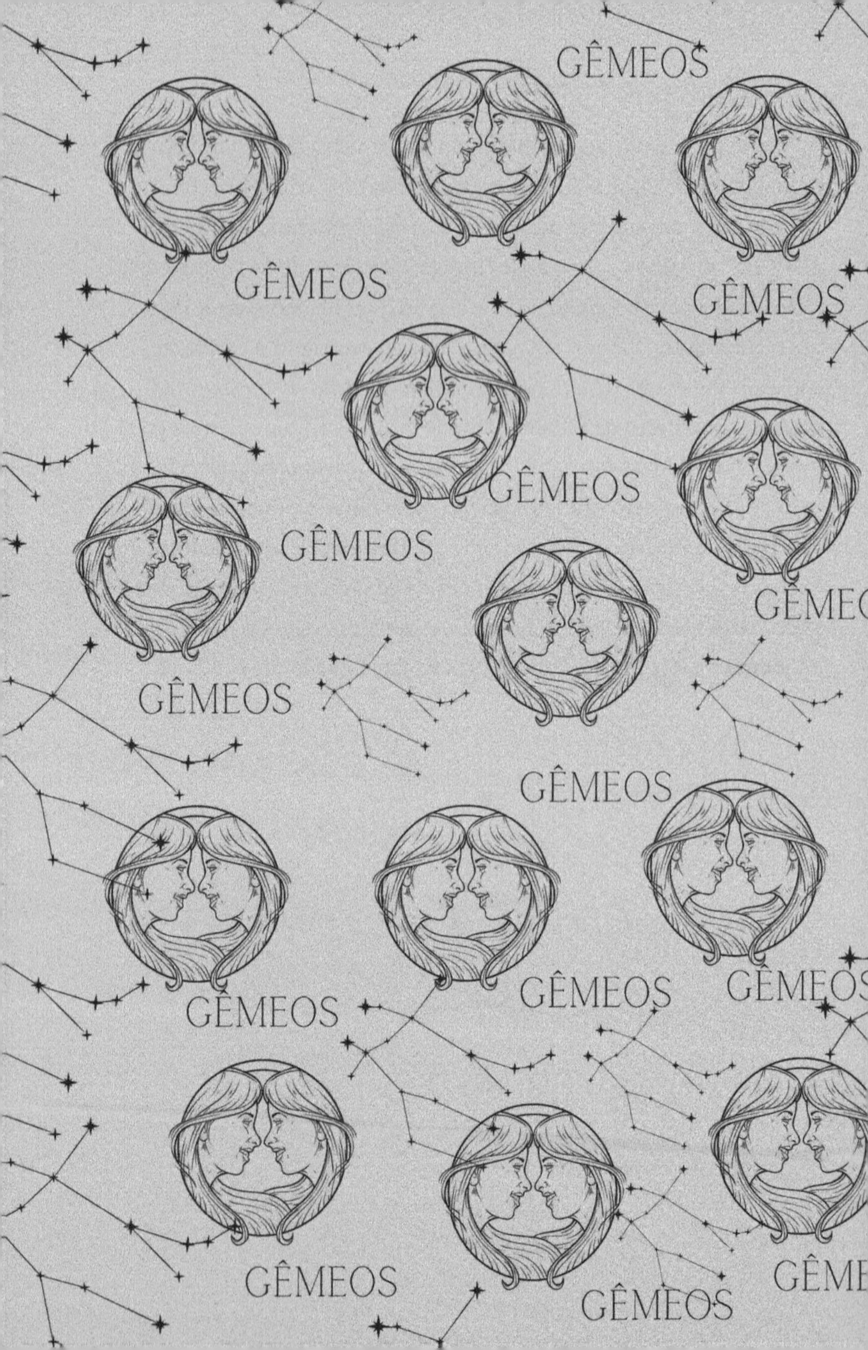
GÊMEOS

COMO SEU SOL EMPODERA SUA MAGIA

Ivo Dominguez, Jr.

A primeira parte da Astrologia que as pessoas geralmente aprendem é sobre seu signo solar. Muitas abraçam com entusiasmo o significado de seu signo solar e o aplicam a tudo em sua vida. Essas pessoas sentem que seu Sol está brilhando e que tudo está bem no mundo. Então, em algum momento, alguém irá cruzar o caminho delas com um pouco de desdém e esclarecer os limites da Astrologia sobre seu signo solar. É aí que elas vão sentir que seu Sol não é suficiente e vão correr para saber mais. O que vem a seguir é geralmente a descoberta de que elas têm um signo lunar, um signo ascendente e todo o resto dos planetas em uma variedade de signos. Tomar ciência de toda essa informação adicional é assustador, pois requer bastante aprendizado e/ou um astrólogo para guiá-las no processo. Porém, onde quer que esteja nesta jornada pelo mundo da Astrologia, em algum momento você vai voltar e redescobrir que o Sol ainda está no centro.

O Sol em seu mapa astral mostra onde a vida e o espírito surgem no mundo para formar você. Ele é o guardião da centelha de seu espírito e a fonte de seu poder. Seu Sol está em Gêmeos, então esse é o sabor, a cor e o tipo de energia que está em seu núcleo. Você é todo seu mapa astral, mas é o seu Sol em Gêmeos que fornece a força vital que se move em todas as partes da sua vida. Quando trabalha em harmonia e alinhamento com o seu Sol, você tem acesso a mais vida e a capacidade de vivê-la melhor. Isso é verdade para todas as pessoas, mas esse conselho assume um significado especial para aquelas que são Bruxas. A raiz do poder mágico de uma Bruxa é revelada pelo seu signo solar. Você pode se conectar com muitos tipos de energia, mas a energia que vai atrair com maior facilidade é a de Gêmeos. Quanto mais consciência e intenção aplicar para se conectar e agir como um canal para esse Sol em Gêmeos, mais eficaz você será como Bruxa. Quanto mais aprender sobre o significado de um Sol em Gêmeos, mais fácil será encontrar maneiras de fazer essa conexão.

Para ser eficaz em magia, adivinhação e outras categorias de trabalhos, é vital entender a si mesma – suas motivações, impulsos, atrações, etc. –, para que você possa refinar suas intenções, perguntas e resultados desejados. Entender o seu signo solar é uma etapa importante nesse processo. Um dos objetivos compartilhados tanto pela Bruxaria quanto pela Astrologia é afirmar e integrar a totalidade de sua natureza para viver melhor a sua vida. O glifo para o Sol na Astrologia é um ponto com um círculo ao redor. Seu Sol em Gêmeos é o ponto, e o círculo é seu centro e sua circunferência. Este é o seu início, a sua jornada, o núcleo da sua Roda do Ano pessoal, as estações da sua vida que se repetem, têm ressonâncias, mas nunca são as mesmas.

Quão Geminiana Você É?

O Sol é o centro em torno do qual os planetas giram. Sua gravidade puxa os planetas para mantê-los em seus cursos e curvas de espaço-tempo para criar o lugar que chamamos de nosso "Sistema Solar". O Sol em seu mapa astral puxa todas as outras partes de seu mapa de maneira semelhante. Tudo é ao mesmo tempo vinculado e livre, afetado, mas buscando sua própria direção. Quando as pessoas encontram descrições das características de Gêmeos, elas frequentemente começam a fazer uma lista de quais coisas se aplicam a elas e quais não. Algumas irão dizer que são o epítome das características de Gêmeos, outras afirmarão que mal são de Gêmeos, e muitas estarão em algum lugar no meio disso. Avaliar o quanto você se alinha ou não com as características tradicionais de um nativo de Gêmeos não é uma tarefa particularmente útil de abordagem para entender seu signo. Se você é geminiana, então tem todas as características do signo de Gêmeos em algum lugar dentro de si mesma. O que varia de pessoa para pessoa é a expressão desses traços. Algumas características se expressam totalmente de uma forma clássica, outras são bloqueadas de expressão, ou modificadas, e às vezes ocorre uma reação que se manifesta como o oposto do esperado. Como geminiana, e especialmente como Bruxa, você tem a capacidade de despertar traços adormecidos, moldar traços funcionais e atenuar traços hiperativos.

As características e traços dos signos são tendências, impulsos e afinidades. A gravidade encoraja uma bola a rolar colina abaixo. As folhas de uma planta crescem em direção à luz solar. O calor do fogo aproxima as pessoas em uma noite fria. Um sabor que você aprecia irá seduzi-lo a comer um pouco mais daquela sua comida. Seu Sol em Gêmeos pede que você seja e aja como geminiana. Dito isso, você também tem livre-arbítrio e vontade para fazer outras escolhas. Além disso, o restante do seu mapa astral e as influências celestiais em constante mudança também moldam suas opções, humores e impulsos. Quanto mais se tornar consciente das características e comportamentos que acompanham uma pessoa de Gêmeos, mais fácil será escolher como você os expressa. A maioria das pessoas quer ter a liberdade de fazer suas próprias escolhas, mas para uma geminiana, isso é duplamente importante.

Como Bruxa, você tem ferramentas adicionais para trabalhar com a energia de Gêmeos. Você pode escolher quando acessar e como moldar as qualidades de Gêmeos conforme elas surgem em sua vida. Pode convocar a energia de Gêmeos, nomear as características que deseja e manifestá-las, e pode também banir, neutralizar ou aterrar o que não precisa mais, além de descobrir onde sua energia de Gêmeos tem curtos-circuitos, onde ela falha e então desbloqueá-la. Você pode examinar seus sentimentos desconfortáveis e seus comportamentos menos do que perfeitos e procurar por lugares obscuros em seu interior, para que possa curá-los ou integrá-los. Gêmeos também é um espírito e uma corrente de consciência coletiva de tamanho vasto – uma mente grupal e um arquétipo. Este signo não se limita à humanidade; ele está envolvido com plantas, animais, minerais e todos os seres físicos e não físicos da Terra e todos os seus reinos associados. Como Bruxa, você pode invocar e trabalhar com a entidade espiritual de Gêmeos e viver sua vida como um ritual. O movimento da sua vida pode ser uma dança ao som e ritmo dos céus.

O Glifo de Gêmeos

O glifo correspondente ao signo de Gêmeos parece o algarismo romano do número dois, embora às vezes as linhas sejam curvas em vez de retas. É mais do que uma referência aos gêmeos que são o símbolo deste signo. As linhas verticais que vão para cima e para baixo e se conectam com as linhas horizontais que expressam um diálogo entre os planos inferiores e os superiores. Essa ligação pode ser vista como uma extensão da sua consciência pessoal, das profundezas às alturas. O glifo também pode ser visto como uma porta ou portal – o portal através do qual você vê o mundo e o percebe. Esta é a abertura pela qual sua consciência ampla e rápida deve ser condensada em palavras adequadas. Também lembra que tudo o que você vê, ouve e percebe deve passar por este portão estreito. Não é de surpreender, então, que você esteja constantemente alterando a perspectiva para acolher mais. As linhas paralelas são como reflexos umas das outras, sugerindo que você vê o mundo como vê a si mesma. À medida que sua autocompreensão cresce, seu reflexo do mundo exterior em seu

mundo interior é mais verdadeiro. Os glifos de todos os signos de Ar possuem linhas paralelas.

Utilize sua imaginação para ver este glifo como uma representação de sua conexão fraterna com tudo o que existe. Você mantém uma relação com tudo o que observa. A simetria do glifo também sugere a capacidade de encontrar analogias entre todas as coisas. Este é o símbolo de um tradutor, de um intérprete, um canal de comunicação. É também o portal do templo interno que fica entre o mundano e os reinos imortais. É aqui que a sua magia entra e sai do mundo.

Ao meditar no glifo, você desenvolverá uma compreensão mais profunda do que é ser geminiana. E poderá, também, criar sua própria gnose pessoal ou história sobre o glifo, que pode ser uma chave exclusivamente sua. O glifo para Gêmeos pode ser usado de maneira semelhante à inscrição de um Pentagrama de Invocação, que é usado para abrir os portões para os reinos elementais. Este glifo abre o caminho para o reino da mente e do espírito que é a fonte de Gêmeos. Para fazê-lo funcionar, você precisa incorporar a sensação de escrevê-lo. Visualmente, trata-se de um glifo simples, então, memorizá-lo é fácil, mas ter uma sensação cinestésica com ele o torna mágico.

Passe algum tempo rabiscando o glifo no papel. Experimente traçá-lo na palma da mão com o dedo diversas vezes, adicionando múltiplas camadas de sensação e padrões de memória.

Sempre que precisar acessar mais energia mágica, confiança, centralização e assim por diante, escreva o glifo de Gêmeos em sua mente, em sua mão, no ar, ou como puder. Em seguida, puxe, canalize e sinta seu centro se encher com o que você precisa. Assim, pouquíssimo tempo será levado para abrir uma conexão usando o glifo de Gêmeos.

Considere tornar essa prática parte de sua rotina ao se preparar para fazer adivinhação, trabalhar feitiços, realizar rituais ou simplesmente começar o dia.

Os Padrões de Gêmeos

Aqui está uma breve lista de padrões, diretrizes e preferências para ajudar as pessoas com o Sol em Gêmeos a iniciar seus estudos. Se você mantém um Livro das Sombras, um diário ou arquivos digitais para registrar seus pensamentos e percepções sobre seu trabalho mágico, considere criar sua própria lista para expandi-los. O processo de observar, resumir e anotar suas próprias ideias em uma lista é uma ótima maneira de aprender sobre o seu signo.

- Os geminianos sempre questionam suas percepções, sua cultura e todas as pessoas ao seu redor.
- Eles rapidamente coletam dados e impressões até que, subitamente, seus pensamentos e crenças se tornam uma imagem nítida e detalhada.
- Às vezes o geminiano é acusado de não prestar atenção. Em vez disso, ele está prestando atenção em tantas coisas ao mesmo tempo, que outros podem não acompanhar sua linha de pensamento.

- A realidade é flexivel para o geminiano, porque ele continua descobrindo significados e perspectivas alternativas. Isto se aplica igualmente a objetos, abstrações, pessoas e assim por diante.
- Os geminianos mudam rapidamente para um estado de espírito mais aberto e sem julgamento e se comunicam com pessoas que são muito diferentes deles.
- Quando o nativo de gêmeos está de bom humor, isso irradia para as pessoas ao seu redor. Seus sorrisos e risadas se movem pelo ambiente como uma brisa suave.
- Uma pessoa de gêmeos pode sabotar a si mesma quando pensa em todas as muitas maneiras pelas quais suas escolhas podem dar errado. Isso pode estagná-la, o que é a pior coisa para um geminiano.
- Quando o geminiano está sob prazos ou outros tipos de pressão, ele fica inquieto e disperso. Divida as coisas em etapas e passos menores e você se sairá melhor.
- Os nativos de gêmeos adoram estimulação mental, aventuras espontâneas e conversas espirituosas. Isso recarrega sua alma.

- Até chegar ao fim da sua resistência, os geminianos são muito bons em esconder sua angústia. Deixe seus amigos saberem se você precisa de abraços, espaço, um chá quente ou qualquer coisa que precisa para se tranquilizar.

- Periodicamente, o nativo de gêmeos precisa fazer uma reinicialização forçada em sua vida. Quando isso acontecer, olhe para o mundo como se fosse uma criança vendo-o pela primeira vez.

- Geminianos gostam de livros, filmes, jogos, música e praticamente qualquer tipo de mídia. Não se sinta culpada sobre o tempo gasto com essas atividades. Não é uma perda de tempo se você estiver se divertindo.

- Ser de Gêmeos não significa que você não precisa de um tempo sozinha. Você precisa desse tempo para processar e dar sentido a todas as suas experiências.

- Estereotipadamente, diz-se que o signo de Gêmeos são duas personalidades em um só corpo. É muito mais do que isso. É o diálogo entre você e seu Eu superior, você e seu Eu inferior, você e seus antepassados, e assim por diante.

- Às vezes, com seu entusiasmo para compartilhar informações, você pode ultrapassar os limites e compartilhar o que não deveria. Ouça a si mesma enquanto fala; as coisas não podem ser desditas.

- Parte do trabalho desses nativos no mundo é surpreender as pessoas. Às vezes o geminiano é trapaceiro, outras vezes um professor, ou talvez um padre, e em todos os casos ele tira as pessoas de rotinas enfadonhas.

- Quando alguém de Gêmeos se compromete com outra pessoa, um projeto ou um ideal, ele aposta tudo. A razão pela qual alguns dizem que os geminianos são inconstantes ou não se comprometem é porque não estão cientes da longa jornada mental que eles fazem para tomar suas decisões.

- Geminianos têm uma mente rápida, mas os detalhes básicos de suas finanças e assuntos de negócios não o entusiasmam. Se esse é seu caso, encontre uma maneira de fazer isso mais interessante ou peça a alguém para fazê-lo por você.

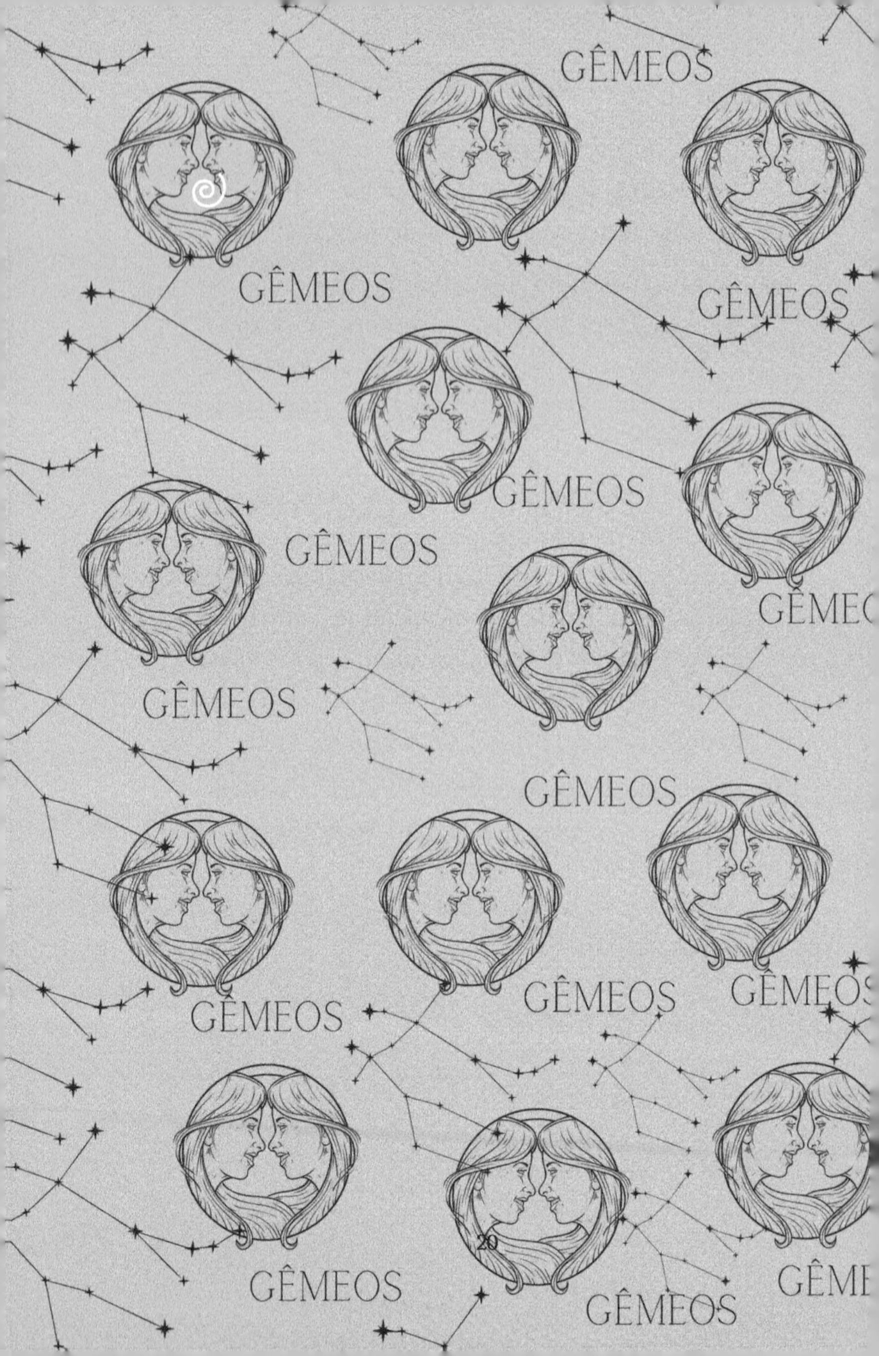
GÊMEOS
GÊMEOS
GÊMEOS
GÊMEOS
GÊMEOS
GÊMEOS
GÊMEOS
GÊMEOS
GÊMEOS
GÊMEOS
GÊMEOS

Ar Mutável

Os quatro elementos da natureza são agrupados em conjuntos de três, cada um associado às modalidades conhecidas como Cardinais, Fixas e Mutáveis. Estas modalidades representam três qualidades distintas ou estilos de manifestação para cada elemento. O padrão de doze vezes, que é a espinha dorsal da Astrologia, vem das doze combinações produzidas a partir de quatro elementos vezes as três modalidades. Ao dar a volta na roda do zodíaco, a ordem dos elementos é sempre Fogo, Terra, Ar e Água, enquanto as modalidades estão sempre na ordem de Cardinal, Fixo, depois Mutável. Cada temporada começa na modalidade Cardinal, atinge seu ápice na modalidade Fixa e se transforma para o próximo período na modalidade Mutável. A modalidade Cardinal é a energia da criação irrompendo, nascendo e se espalhando pelo mundo. A modalidade Fixa é a harmonização da energia que é preservada, tornando-se e permanecendo totalmente ela mesma. A palavra "Fixa", neste contexto, não significa estática ou passiva; é o trabalho de manutenção da criação. A modalidade Mutável é a energia do fluxo, a flexibilidade, transformação, morte e renascimento.

Gêmeos é o terceiro signo do zodíaco, portanto é o Ar da modalidade Mutável. É por isso que uma Bruxa de Gêmeos pode recorrer a profundas reservas de energia mental e à capacidade de encontrar conexões significativas. Embora, como Bruxa de Gêmeos, você possa invocar o Ar em todas as suas formas, é mais fácil recorrer ao Ar Mutável.

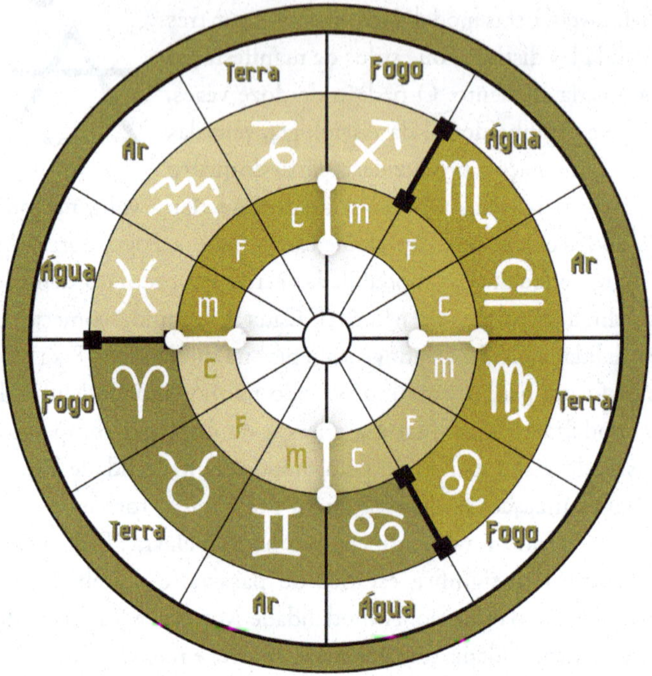

O Signo e os Planetas Regentes na Roda Zodiacal

Mercúrio, Seu Planeta Regente

☿ Seu signo solar determina a fonte e o tipo de energia que você tem em seu âmago. O planeta regente de um signo revela seus movimentos favoráveis e suas respostas intuitivas ou habituais para expressar essa energia. Seu planeta regente oferece um conjunto curado de respostas pré-construídas e posturas personalizadas para você utilizar no seu dia a dia. Mercúrio é o planeta regente de Gêmeos. Isto pode nos remeter ao Hermes grego ou ao Mercúrio romano, os mensageiros velozes de seus panteões. No entanto, o planeta Mercúrio e como ele influencia Gêmeos é mais complicado do que ser mensageiro de seres divinos. Mercúrio é todo o processo da mente, desde a percepção ao pensamento, comunicação e contemplação. Este planeta também tem o poder de viajar através de diferentes camadas da realidade. Mercúrio é o arauto e psicopompo que pode ir a qualquer lugar. É a raiz de toda curiosidade. Isso, por sua vez, causa um forte desejo de explorar o máximo possível. A influência de Mercúrio faz com que Gêmeos busque a alegria através do acúmulo de experiências de vida e da revisão e reelaboração de tudo o que viu.

As Bruxas de Gêmeos são mais fortemente afetadas pelo que quer que Gêmeos esteja fazendo nos céus. É útil acompanhar os aspectos que Mercúrio está tendo com outros planetas. Você pode obter informações básicas sobre o significado desses aspectos e quando eles estão acontecendo em calendários astrológicos e recursos on-line. Você vai sentir Mercúrio retrógrado mais fortemente do que a maioria das pessoas. As Bruxas de Gêmeos perceberão que o impacto retrógrado de Mercúrio começará mais cedo e terminará alguns dias depois da duração anunciada. Além disso, quando Mercúrio nos céus estiver em Gêmeos, você sentirá um impulso extra de energia. O primeiro passo para usar o poder de Mercúrio é prestar atenção ao que está fazendo, como se sente e o que está acontecendo em sua vida. As Bruxas podem mudar sua relação com os poderes que as influenciam. Como uma Bruxa de Gêmeos, você está conectada ao poder de Mercúrio. Ao prestar muita atenção em como essas energias afetam você, torna-se possível aproveitá-las para os propósitos que melhor escolher.

Mercúrio pode ser uma fonte de energia tão grande para uma Bruxa de Gêmeos quanto o elemento Ar. Embora exista alguma sobreposição entre as qualidades e capacidades atribuídas a Mercúrio e ao

Ar, as diferenças são maiores. Mercúrio molda como você forma pensamentos e palavras a partir do fluxo de consciência. O Ar é o meio que forma a consciência e as informações sensoriais. Mercúrio tem o poder de motivar ou bloquear suas ações e de separar ou unir coração e mente. O Ar conecta as mentes e os espíritos de todos os seres. Mercúrio representa todas as trocas simbólicas, não apenas a comunicação. Mercúrio é a transação, as oferendas sagradas e o princípio da reciprocidade. O Ar é o princípio do agenciar, da interconectividade e da compostura. Com o tempo, você poderá mapear as regiões sobrepostas e as diferenças entre Mercúrio e o Ar. Usar recursos planetários e elementais pode lhe dar uma gama muito mais ampla de possibilidades e maior sutileza.

Gêmeos e a Roda Zodiacal

A ordem dos signos no zodíaco também pode ser interpretada como uma história da criação, na qual a sequência dos elementos se repete três vezes. Gêmeos, situado no primeiro terço do zodíaco, marca a primeira aparição dos quatro elementos na história do Universo. Esses elementos são recém-saídos do redemoinho da criação; eles estão mais próximos da fonte. Gêmeos lembra o momento da criação. O Ar de Gêmeos é a mais primitiva de todas as versões do elemento Ar.

Embora seja verdade para todas as Bruxas, a Bruxa de Gêmeos precisa se esforçar para descobrir como perceber e se comunicar com as forças espirituais e torná-las compreensíveis no mundo físico. Quando consegue se conectar regularmente como orador e canal para sua magia, as pessoas e projetos que são importantes para você florescem. Esta é a expressão completa de estar no primeiro quarto do zodíaco. Você pode progredir nesta busca através da meditação e de viagens interiores, mas só isso não bastará. A Bruxa de Gêmeos aprende fazendo, vendo, tocando, questionando, aprendendo e repetindo o processo. Embora as pessoas de Gêmeos às vezes sejam estereotipadas como infundadas ou preocupadas, é mais correto dizer que elas estão tentando pensar da maneira mais ampla e profunda possível. Quando uma Bruxa de Gêmeos se conecta às qualidades espirituais de seu Ar, ela se torna uma professora e uma voz para a Magia do Mundo.

O Signo e os Planetas Regentes na Roda Zodiacal

CORRESPONDÊNCIAS DE GÊMEOS

♊

Poder: pensar

Palavra-chave: versatilidade

Comportamentos: mensageiro, metaformo

Planeta Regente: Mercúrio ☿

Elemento: Ar Mutável

Cores: amarelo-claro e laranja

Forma: octógono

Metais: mercúrio, mas por razões práticas, alumínio e platina

Parte do Corpo que Rege: ombros e antebraços

Dia da Semana: quarta-feira

Afirmação:

Quando deixo a curiosidade e o propósito guiarem minha busca, a alegria me acompanha.

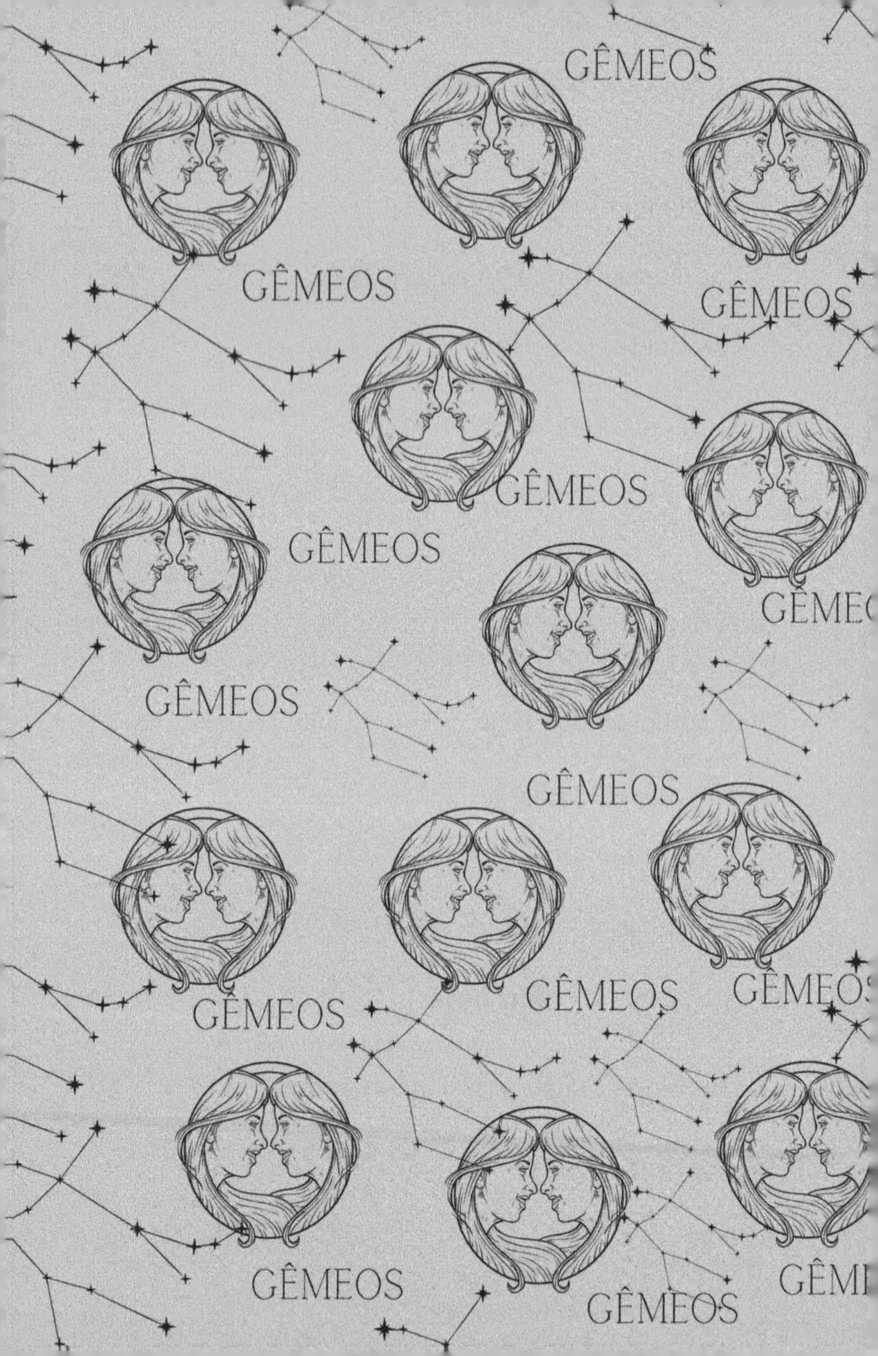
GÊMEOS
GÊMEOS
GÊMEOS
GÊMEOS
GÊMEOS
GÊMEOS
GÊMEOS
GÊMEOS
GÊMEOS
GÊMEOS
GÊMEOS

A BRUXARIA QUE SURGE NATURALMENTE PARA UMA PESSOA DE GÊMEOS

Laura Tempest Zakroff

Nesta seção, exploraremos algumas das magias e práticas que são naturais para as Bruxas de Gêmeos. Posso ser um pouco tendenciosa, mas acho que estamos habituadas a ser um grupo de pessoas excepcionalmente mágicas e criativas. Gostamos de experimentar, ultrapassar limites, fazer muitas perguntas e explorar o inesperado. Seguimos a batida do nosso tambor, o que incomoda algumas pessoas, mas emociona e inspira outras. Todas essas coisas são uma ótima receita para a vida mágica.

Uma das habilidades mais fortes inerentemente presentes em Gêmeos é a capacidade de perceber vários aspectos ao mesmo tempo. Raramente descartamos algo como sendo simplesmente preto ou branco, estamos sintonizadas com muitos níveis de nuances e possibilidades. Muitas vezes temos dificuldade em rotular tipos de magia como positivas ou negativas, boas ou más, nefastas ou abençoadas, porque percebemos os numerosos fatores e dinâmicas em jogo. Alguns podem nos perguntar: "Isso é claro ou escuro?" e não é incomum respondermos: "Ambos!"

Por exemplo, sabemos que um feitiço de cura pode ser prejudicial se mal aplicado, um feitiço de maldição pode trazer justiça e paz e feitiços de proteção podem acidentalmente ocultar pessoas ou coisas. Todo trabalho ou ação não tem apenas uma reação, mas, sim, reações – e podemos gastar muito tempo considerando isso a ponto de pensar demais. Mas no final, quando seguimos nossa intuição, podemos realizar uma magia realmente poderosa.

Nossa habilidade de decifrar múltiplos aspectos de uma determinada situação e nossa maneira elegante de usar as palavras podem nos ajudar a ser excepcionalmente hábeis na resolução e no redirecionamento de conflitos. Como somos capazes de compreender ambos os lados de uma situação, somos muito boas em acalmar ânimos, ajudar as pessoas a se encontrarem no meio termo para dissolver discussões e, de certa forma, costumamos ser precursoras da calma em potenciais pontos de tensão.

Geminianos em geral têm um talento especial para o humor e os jogos de palavras que podem surpreender as pessoas, mudando drasticamente a energia de um momento tenso para algo mais propício para todos. Você já deve ter ouvido a expressão "rir é o melhor remédio"; nós sabemos bem como fazer isso funcionar! Algumas pessoas podem nos rejeitar por não levarmos as coisas suficientemente a sério, mas na verdade, estamos recorrendo ao arquétipo do "Trapaceiro Divino". Encontrado em mitos e folclores de todo o mundo, o Trapaceiro Divino é alguém excepcionalmente inteligente ou sábio e usa esse conhecimento para desafiar as convenções, quebrar as regras e perturbar o *status quo*. Como Gêmeos é regido por Mercúrio, não deveria surpreender que Hermes seja conhecido por ser um trapaceiro. Outros trapaceiros divinos de todo o mundo incluem Coyote, Anansi, Loki, Br'er Rabbit, Puck, Papa Legba, Set e Māui. Embora tendam a ter uma má reputação de criadores de problemas, muitos deles estão profundamente conectados ou são considerados responsáveis pela civilização humana. Os seus pontos de vista alternativos ou únicos fazem com que a sociedade se examine, muitas vezes estimulando o crescimento e a criatividade.

Deidades e Espíritos

Além da tendência de às vezes incorporar o Trapaceiro Divino, você pode se perguntar de que outra maneira os geminianos se relacionam com Divindades e espíritos. Devido à natureza gêmea do nosso signo, as Bruxas de Gêmeos naturalmente têm um talento especial para abraçar dualidades e multidões. Isso significa que raramente enfrentamos dificuldade para abraçar ideias que envolvem Deuses e espíritos. Ao dialogarmos internamente, torna-se ainda mais fácil reiterar isso. Por natureza, tendemos a ser animistas e politeístas, embora não sejamos tipicamente devocionais na prática ou exclusivas em nossas conexões. Muitas vezes somos atraídas por Divindades que têm histórias interessantes com múltiplas interpretações, bem como aquelas que se especializam em aprendizagem e comunicação. Ao mesmo tempo, falaremos com praticamente tudo e qualquer coisa, incluindo objetos inanimados.

Na seção a seguir, você encontrará Divindades com as quais as Bruxas de Gêmeos costumam se conectar. Tenha em mente que seu relacionamento com a Divindade ou o espírito é exatamente isso: o seu. Não há nada de errado se sua Divindade favorita não estiver nesta lista. Esta relação é simplesmente uma amostra de algumas Deidades populares. Se alguma Deidade lhe intriga, sugiro aprofundar sua pesquisa para obter mais informações sobre ela.

Uma Seleção de Divindades que Incorporam os Aspectos de Gêmeos:

- Athena: Divindade padroeira de Atenas, Grécia. As Bruxas de Gêmeos costumam apreciar a infinidade de aspectos intelectuais que Athena representa. Nascida da testa de Zeus, Athena incorpora sabedoria, inspiração, criatividade, tecelagem, matemática, estratégia e força. Ela também é uma Deusa da guerra e da proteção, muitas vezes acompanhada por uma coruja.
- Hécate (ou Hekate): frequentemente retratada como uma figura tripla nas esculturas gregas segurando tochas, chaves e serpentes, Hécate é conhecida por ser uma Deusa das encruzilhadas, associada à Bruxaria, a Magia e ao Submundo. Encontramos dualidade no sentido de que ela é uma portadora de iluminação, mas também navega pela escuridão e pela morte.
- Hermes (grego) / Mercúrio (romano): Hermes é um mensageiro dos Deuses, muitas vezes representado com sandálias aladas e um caduceu (bastão com duas serpentes entrelaçadas), capaz de se mover facilmente entre os Céus, a Terra e o Submundo. Como um arauto, está ligado à comunicação. Sua mobilidade entre os mundos também lhe permite ser um psicopompo.

- Janus: da mitologia romana, é o Deus da dualidade, das transições, dos portais, das portas, do tempo, dos começos e fins e dos espaços liminares. Mais frequentemente mostrado como tendo duas faces. O mês de Janeiro leva o seu nome.
- Kali Ma: muitos podem ver Kali Ma como uma Deusa sombria e medrosa da mitologia Hindu, mas estão apenas vendo o aspecto destruidor de seu ser. Ela também é criadora, protetora e figura materna – uma portadora da justiça e do equilíbrio. Frequentemente mostrada com quatro braços para refletir seus muitos aspectos.
- Perséfone: nos Mistérios de Elêusis, a descida e saída de Perséfone do Submundo nos traz a mudança das estações. Ela surge na primavera trazendo vida e viaja de volta ao Submundo no outono.

Divindades gêmeas que as Bruxas de Gêmeos podem se sentir atraídas:

- Apollo e Ártemis (grego)
- Ibeji (yorubá)
- Ísis e Osíris (egípcio)
- Freyr e Freya (nórdico)
- Os Gêmeos Divinos (protoindo-europeus)
- Yama e Yami (hindu)

Quase todas as culturas têm mitos e folclores interessantes sobre os gêmeos. Recomendo procurar histórias de sua própria experiência e praticar para obter mais inspiração.

Rituais e Grupos

Quando se trata de rituais, a maioria das Bruxas de Gêmeos que conheço (inclusive eu) são muito específicas na forma como gostamos de fazê-los. Tendemos a ser mais confiantes em situações em que podemos liderar o fluxo das coisas, em vez de sermos apenas seguidoras. Nós nos sentimos muito confortáveis em criar um ritual improvisado, orgânico e dinâmico, desde que tenhamos o básico em mente. Em um ambiente com o grupo certo – aquele que é confiável, intelectual e espiritualmente estimulante para nós – nós prosperamos. Mas tendemos a nos irritar com hierarquias rígidas, com ordens para fazer coisas sem que nos digam o porquê e com rotinas estagnadas.

As Bruxas de Gêmeos são excelentes em se adaptar ao momento, sendo capazes de criar algo do nada. Faltou ou esqueceu alguma coisa? Provavelmente, nós encontraremos uma solução para fazer dar certo em apenas alguns minutos, enquanto outros podem ficar angustiados ou frustrados com o desafio. Essa habilidade é uma característica, não uma falha – embora possa ser perturbadora para outras pessoas que preferem seguir um roteiro. É importante encontrar pessoas que se sintam confortáveis trabalhando de forma semelhante se desejar fazer parte de um Coven ou formar um grupo. É fácil descobrir que as coisas funcionam imediatamente com algumas pessoas ou que elas simplesmente não acontecem.

Neste último caso, é melhor continuar procurando as pessoas certas ou fazer o que quiser.

Quando se trata de planejar rituais, acho que as Bruxas de Gêmeos funcionam melhor quando há um esboço breve, mas forte, a seguir; e muito espaço para improvisação entre eles. Os pontos de ancoragem ou estrutura baseiam-se na consideração do seguinte:

- Qual é o propósito do ritual?
- Como posso me preparar para o ritual?
- Como vai começar e como vai terminar o ritual?
- Quem vai fazer o quê, onde e quando?
- Como serão os cuidados posteriores?

Isso é apenas o suficiente para ajudá-lo a planejar e estilizar o ritual, mas não tão elaborado a ponto de sobrecarregá-la. Lembre-se, o ritual deve ser uma experiência positiva e útil!

Adivinhação

Quando se trata de métodos de adivinhação, nós, Bruxas de Gêmeos, adoramos ferramentas que nos ajudam a criar uma história. Uma história realmente boa nunca é direta – em vez disso, ela tem reviravoltas, muitas vezes sinalizadas por pistas encontradas em momentos anteriores. Somos muito boas na percepção de padrões – nem sempre o mais óbvio que todo mundo vê, mas, sim, os fios subjacentes ou quase sempre ocultos. Damos pistas de símbolos e detalhes que outros ignoram. Essas observações minuciosas podem trazer um grande conhecimento e experiência para a nossa área de expertise na adivinhação. Não é que sejamos mais psíquicas do que as outras nativas, mas estamos captando padrões que tendem a nos dar uma impressão sólida do que está acontecendo.

Pode ser difícil, para uma Bruxa de Gêmeos, simplesmente exibir seu trabalho de adivinhação sem sentir que tem uma maneira de mostrá-lo. É por isso que muitas vezes nos sentimos mais confortáveis com ferramentas físicas do que com a mediunidade direta. Por ser altamente visual e orientada para símbolos, a cartomancia (cartas de Tarô e Oráculo) é minha ferramenta número um para adivinhação. Mas não qualquer baralho antigo – tem que ser um que se conecte visualmente comigo e se adapte à história. Eu poderia ler com precisão com um baralho normal, mas dê-me um baralho lindamente ilustrado, cujo simbolismo seja cuidadosamente considerado, e estou no paraíso.

Se o tema de um baralho de Tarô ou Oráculo se sobrepõe a outra área na qual você tem muito interesse, provavelmente o achará ainda mais poderoso. Essa outra área pode ser um *fandom* ou subcultura, uma área específica do folclore ou da mitologia, ou qualquer outro nicho pelo qual você se sinta atraída. Dessa forma, não estará apenas extraindo respostas do sistema do Tarô ou Oráculo, mas também trazendo o sabor adicional de algo que conhece. Isso aprofunda não apenas sua própria experiência, mas também a experiência de qualquer outra pessoa para quem possa ler.

Quando se trata de organizar as cartas, eu pessoalmente prefiro manter minhas páginas espelhadas simples em vez de usar tiragens mais complicadas – isso mantém a história mais limpa e fácil de ler. Você também pode descobrir que se sente confortável em criar seus próprios estilos de disposição de cartas para atender às suas necessidades.

Leitura de Tarô ou Oráculo para o Equilíbrio de Gêmeos

Por *Laura Tempest Zakroff*

Como nativas de Gêmeos, às vezes pode ser difícil discernir onde terminam as ideias sobre nós mesmas e onde começa o que os outros pensam sobre nós. Podemos perder o contato com quem realmente somos ou desconhecer como estamos afetando aqueles ao nosso redor. Essa dissociação pode causar confusão ou enviar mensagens contraditórias a outras pessoas de forma não intencional. A Leitura para o Equilíbrio de Gêmeos pode ajudar você a encontrar equilíbrio interno e externo usando apenas quatro cartas. Você pode usar qualquer tipo de sistema de cartas com esta leitura (Tarô, Oráculo, etc.).

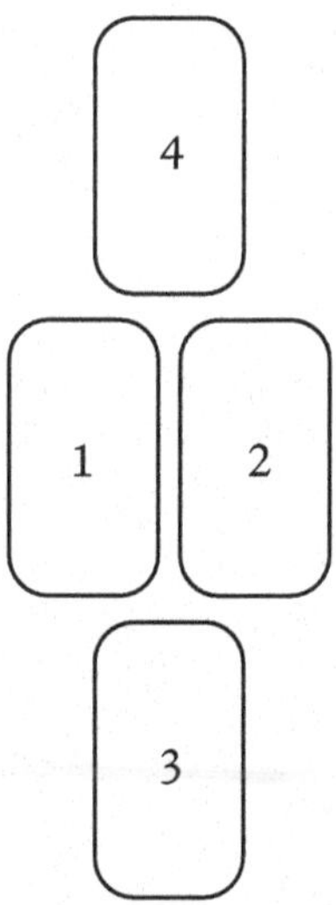

- Carta 1 (pilar esquerdo) – como você se percebe atualmente; seus atributos mais fortes
- Carta 2 (pilar direito) – como você se parece com as pessoas ao seu redor; a impressão delas e como isso pode afetar você
- Carta 3 (inferior/base) – os fatores subjacentes que causam a desconexão ou possíveis barreiras
- Carta 4 (topo/telhado) – quais atributos você deve nutrir ou focar para criar harmonia

Trabalhando com Dois Baralhos ou Sistemas Simultâneos

Às vezes, apenas um sistema de adivinhação não lhe dá o conhecimento completo da história que está procurando. Quero dizer, encare isso; você tem tendência a discutir consigo mesma – e concordar com ambos os lados simultaneamente! Adicionar um segundo sistema para complementar o primeiro pode ajudar a esclarecer as questões e criar uma imagem mais definitiva para você. Também é mais difícil discordar!

A questão é: quais são os dois sistemas e como? Acho que combinar meu baralho de Tarô favorito com um baralho de Oráculo que se adapta ao meu humor ou à investigação é um método sólido. Algumas pessoas gostam de combinar os baralhos por tema ou estilo, para que as imagens se complementem visualmente. Tenho tendência a optar por um baralho suplementar que seja um pouco contrastante (mas não muito distante). Considero isso como consultar dois amigos de confiança que têm personalidades muito diferentes, mas ambos têm o meu melhor interesse no coração. Dessa forma, você obtém uma perspectiva um pouco diferente que pode fornecer mais de visão. Outra opção é emparelhar determinado conjunto de cartas com um sistema completamente diferente, como um conjunto de runas, ossos, moedas ou o ogham. Você também pode usar um pêndulo se desejar um tipo simples de resposta sim/não, mas poderá encontrar uma ajuda maior com um sistema simbólico se precisar de mais detalhes.

Com qualquer uma dessas abordagens, sugiro retirar uma carta ou item de ferramenta secundária, em vez de fazer uma segunda propagação ou lançamento inteiro. Existem duas maneiras de consultar com uma abordagem de sistema duplo. Você pode extrair dos dois sistemas simultaneamente, fazer a mesma pergunta e depois compará-los. Ou pode extrair primeiro do seu sistema primário, considerar a mensagem e depois ir para o sistema secundário para obter orientação adicional e clareza sobre o que deve saber desde a primeira difusão. Em ambas as abordagens, considere e compare como o elemento único escolhido ressoa com a propagação inicial. Pergunte a si mesma: qual é a vibração geral e como as mensagens estão sincronizadas? Reserve um momento para se sentar e resistir ao impulso de jogar tudo para trás, reorganizar e puxar novamente. Você tem o que conseguiu; trabalhe com isso.

Dica de Tarô da Tempest

Falando sobre o Tarô, gostaria de acrescentar uma perspectiva pessoal adicional ao gráfico de correspondência que você encontrará neste livro na página 123. O sistema que uso para ler o Tarô atribui o elemento Ar às cartas Valete e o elemento Fogo às cartas de Espadas. Os Valetes representam ideias, pensamentos e inspiração, enquanto as Espadas se concentram em definir, implementar e colocar as coisas em movimento. Como Gêmeos é um signo de Ar, acho que os Valetes combinam muito bem nesse aspecto. Quando puxo o Cavaleiro, a Rainha ou o Rei de Paus, eles tendem a significar aspectos de mim mesma. Como 8, 9 e

10 representam os signos mutáveis, vejo-os em Paus significando, respectivamente, clareza de conceito, resolução de problemas e engenhosidade, e resolução de conflitos, que exploram os pontos fortes de Gêmeos.

Como uma nativa de Gêmeos, é fácil descobrir que existem certos tipos de feitiços e trabalhos mágicos que são adequados para você. Aqui estão algumas ideias sobre os tipos de feitiços com os quais a geminiana vibra naturalmente, ferramentas que se alinham bem com a energia de Gêmeos e algumas ideias mágicas para lidar com questões cotidianas, bem como objetivos maiores. Por exemplo, se você quiser criar um amuleto de memória, poderá criar um sigilo em seu diário mágico para ajudá-la. Ou poderá compor um poema para recitar e atrair dinheiro para você.

Tipos de Magia

- Nó Mágico
- Sigilos
- Escrever pedidos
- Canto e Trabalho de Respiração
- Vento/Nuvem Trabalhar com o Clima
- Encantamentos verbais

Equipamentos Mágicos

- Athame ou varinha, dependendo da sua situação
- Caneta e bloco de notas
- Penas
- Incenso
- Sinos e Amuletos
- Seus pulmões e sua voz

Metas Mágicas e Ideias de Feitiço

- Comunicação e entendimento mágico
- Negócios e dinheiro mágico
- Magia Cibernética/ Internet
- Feitiços de memória
- Magia de relacionamento/ conectividade
- Proteção para viagem, encontrar vagas de estacionamento
- Glamour mágico

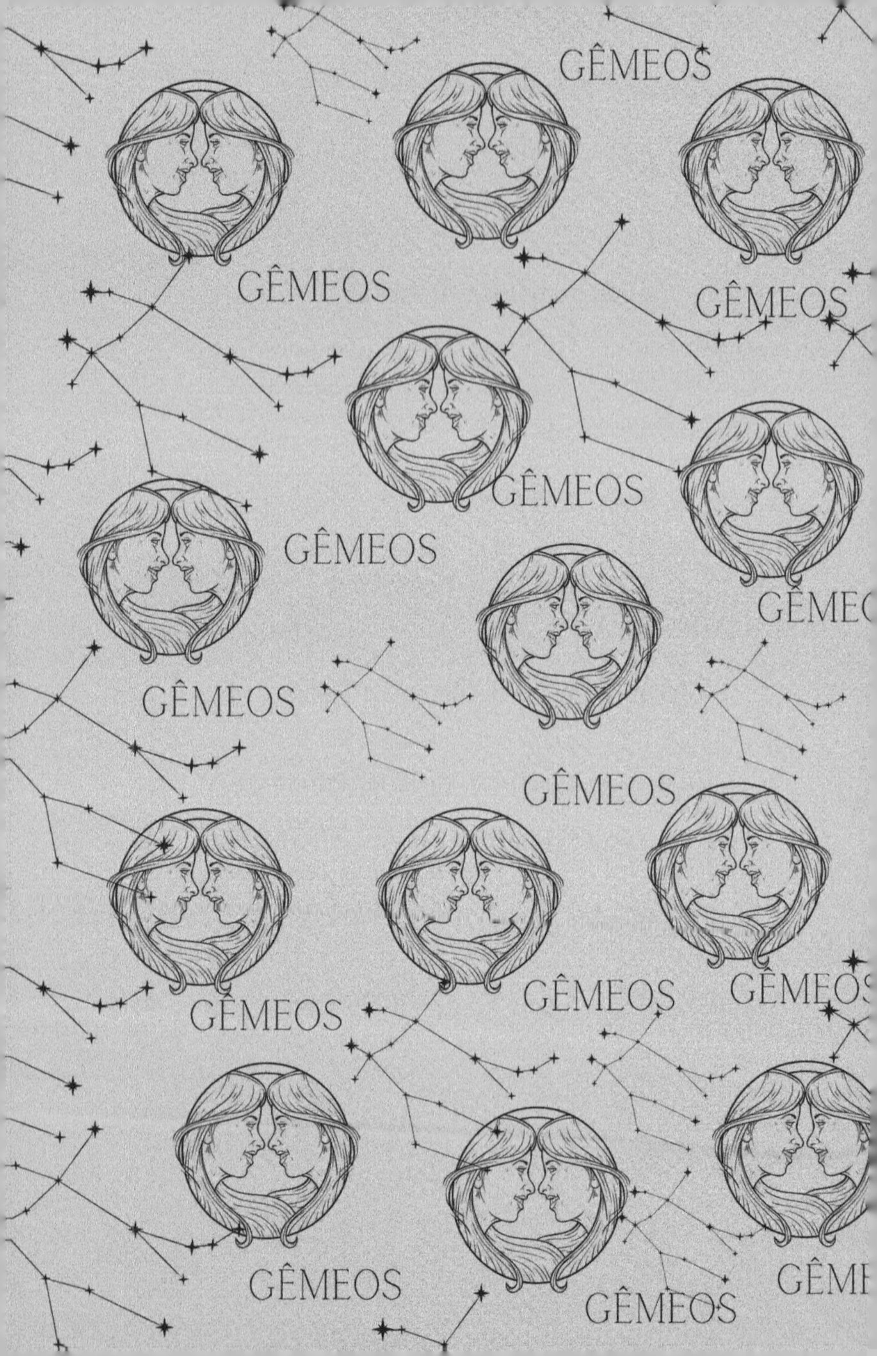
GÊMEOS
GÊMEOS
GÊMEOS
GÊMEOS
GÊMEOS
GÊMEOS
GÊMEOS
GÊMEOS
GÊMEOS
GÊMEOS
GÊMEOS

HORÁRIOS, LUGARES E OUTRAS COISAS

Ivo Dominguez, Jr.

Provavelmente você já encontrou muitos gráficos e listas em livros e on-line catalogando aspectos que estão relacionados ao seu signo solar e ao seu planeta regente. Existem muitas variedades maravilhosamente selecionadas de ervas, cristais, listas de reprodução de música, moda, esportes, personagens fictícios, cartas de Tarô e muito mais que são atribuídas ao seu signo solar. Essas compilações de associações são mais do que uma curiosidade ou entretenimento. Correspondências são como mapas do tesouro que mostram a você onde encontrar o tipo e o sabor do poder que está procurando. São fluxogramas e diagramas que mostram a relação oculta interna entre as energias sutis e o mundo físico. Embora existam muitos propósitos para listas de correspondências, há dois que são especialmente valiosos para se tornar uma Bruxa de Gêmeos melhor.

O primeiro é contemplar o significado das correspondências, a maneira pela qual elas revelam detalhes significativos sobre seu signo solar e planeta regente e como elas se conectam com você. Isso aprofundará sua compreensão do que é ser uma Bruxa de Gêmeos.

Usar esses itens como pontos de conexão para acessar energias e essências que apoiam sua magia é o segundo propósito. Isso expandirá o número de ferramentas e recursos à sua disposição para todas as suas aplicações.

Cada seção deste capítulo irá apresentar um tipo de correlação com sugestões sobre como identificar e usar estes itens. Isso tudo é apenas um ponto de partida. Você encontrará muito mais à medida que for explorando e aprendendo. Conforme for ampliando seu conhecimento, você pode se sentir um pouco confusa ao descobrir que as fontes discordam sobre as correlações. Essas contradições geralmente não são uma questão de quem está certo ou errado, mas uma questão de perspectiva, diferenças culturais e o objetivo de uso para as correlações. Qualquer coisa que exista no mundo físico pode ser descrita como uma mistura de todos os elementos, planetas e signos. Você pode ser do signo de Gêmeos, mas dependendo do resto do seu mapa, pode haver fortes concentrações de outros signos e elementos. Por exemplo, se descobrir que uma determinada erva está listada como associada tanto a Gêmeos quanto a Libra, é porque ela contém ambas as naturezas em abundância. Nos casos de fortes correlações múltiplas, é importante convocar ou sintonizar aquilo que você precisa no momento.

Horários

Você sempre terá acesso ao seu poder como uma Bruxa de Gêmeos, mas haverá momentos em que o fluxo é mais forte, prontamente disponível ou mais facilmente invocado. Existem técnicas astrológicas sofisticadas e métodos para selecionar datas e horários que são específicos para o seu mapa de nascimento. Você pode se sair muito bem com métodos mais simples, a menos que queira aprender um pouco mais de Astrologia ou contratar alguém para determinar isso. Vamos olhar para os ciclos do ano solar, do mês lunar e das horas de rotação dia-noite. Quando o Sol ou a Lua está em Gêmeos, ou por volta do momento em que começa a amanhecer a cada dia, você está no ponto ideal para se sintonizar com o núcleo de seu poder.

A temporada de Gêmeos é de aproximadamente 21 de maio a 20 de junho, mas verifique seu calendário astrológico ou efemérides para determinar especificamente esta data em seu fuso horário. A quantidade de energia acessível é mais alta quando o Sol está no mesmo grau de Gêmeos em seu mapa astral. Esse pico nem sempre será na sua data de nascimento, mas muito perto disso. Aproveite a temporada de Gêmeos para trabalhar com magia e para recarregar e armazenar energia para o ano inteiro.

A Lua se move através dos doze signos a cada ciclo lunar e passa cerca de dois dias e meio em cada signo. Quando a Lua está em Gêmeos, você tem acesso a mais poder lunar, porque a Lua nos céus tem uma ligação ressonante com o Sol no seu mapa astral. Em algum momento durante seu tempo em Gêmeos, a Lua estará no mesmo grau que o seu Sol. Para você, esse será o pico da energia durante a passagem da Lua através de Gêmeos naquele mês. Enquanto a Lua está em Gêmeos, seu psiquismo fica mais forte, assim como sua capacidade de manifestar coisas. Quando a Lua está em quarto crescente, em qualquer signo, você pode recorrer ao seu poder mais facilmente, porque essa fase é de crescimento e ação.

Não há recessos durante a temporada de Gêmeos, como um equinócio, solstício ou dia intermediário entre os solstícios e os equinócios. No entanto, o pico da temporada de Gêmeos é o seu ponto médio, no 15° grau; este é um dia especial de poder para você. É possível verificar quando o Sol está no 15° grau de Gêmeos para os anos atuais ou futuros usando recursos on-line ou efemérides. Gêmeos é o terceiro signo do zodíaco. O zodíaco funciona como um relógio para o propósito de realizar feitiços. Na verdade, o zodíaco opera em diversos planos de realidade, então são vários relógios, cada um movendo-se em velocidades e direções distintas. Para fins de feitiços e rituais, seguiremos a ordem natural dos signos no ano, correlacionando-os com o ciclo do dia e da noite. Assim, o final da manhã corresponde ao poder aéreo de Gêmeos. Se você é uma pessoa focada em detalhes, pode estar se perguntando quando é o fim da manhã. Isso varia com a época do ano e sua localização, mas se você precisar saber o horário, pense entre 10:00 e 12:00 da manhã. Ou você pode usar sua intuição e sentir qual é o momento para o fim da manhã em qualquer dia. Os poderes que fluem durante este tempo são ricos, criativos e cheios de possibilidades para você experimentar. Planeje usar a energia de Gêmeos do fim da manhã para alimentar e nutrir feitiços para aprendizado, adivinhação, criatividade e novo crescimento.

O efeito desses momentos especiais pode ser aplicado em qualquer combinação. Por exemplo, você pode optar por trabalhar durante a madrugada quando a Lua estiver em Gêmeos, ao amanhecer quando o Sol está em Gêmeos, ou durante a regência do signo de Gêmeos, quando a Lua está nessa posição. Ou pode também combinar os três. Cada agrupamento de período de tempo terá uma sensação distinta. Experimente e use seus instintos para descobrir como aplicá-los em seu trabalho.

Lugares

Existem atividades, profissões, fenômenos e comportamentos que têm afinidades e conexões ressonantes com Gêmeos e seu planeta regente, Mercúrio. Essas atividades ocorrem nos locais que se adequam ou facilitam suas expressões. Há uma magia a ser reivindicada daqueles lugares que estão destinados para Gêmeos ou ao seu planeta regente. Assim como seu mapa astral, o mundo ao seu redor contém as influências de todos os planetas e signos, mas em diferentes proporções e arranjos. Você sempre pode se estabelecer na energia de Gêmeos ou de Mercúrio, mas lugares e espaços têm energias que se acumulam e também podem ser aproveitadas. Os lugares contêm os ambientes físico, emocional e espiritual que são criados pelas ações dos objetos materiais, plantas, animais e pessoas que ocupam esses espaços. Algumas das interações entre essas coisas podem gerar ou concentrar as energias e padrões que podem ser usados pelas Bruxas de Gêmeos.

Se você consultar livros tradicionais de Astrologia, vai encontrar algumas listas de locais atribuídos a Gêmeos e Mercúrio que incluem localizações como:

- Livrarias, escolas e estúdios
- Pontos de ônibus, aeroportos e estações de trem
- Rodovias, trilhas para caminhadas e cruzamentos
- Mercados on-line, prefeituras, locais onde as pessoas se reúnem

Esses lugares estão muito claramente ligados aos temas associados com Gêmeos e Mercúrio. Com um pouco de *brainstorming* e livre associação, você encontrará muitos outros locais menos óbvios e situações em que pode recorrer a esse poder. Por exemplo, ambientes imersivos on-line, salas de bate-papo e museus podem oferecer algo para realmente se conectar. Qualquer atividade mentalmente estimulante, como conversar sobre algo, elaborar uma mensagem, ou atividades similares podem se tornar uma fonte de poder para uma Bruxa de Gêmeos. Todos os implementos ou ações relacionadas a viajar, desfrutar de qualquer uma das artes, ser multitarefas, ambientes sociais energéticos e muitas outras configurações também podem ser uma fonte de energia.

Embora certamente seja possível identificar lugares onde a energia de Gêmeos e/ou Mercúrio está presente em abundância para realizar seus trabalhos, você também pode encontrar essas energias em muitas outras situações. Não se limite à ideia de que os lugares devem ser aqueles que têm um vínculo formalizado com Gêmeos. Fique atenta aos temas e atividades de Gêmeos ou Mercúrio onde quer que você esteja. Lembre-se de que as pessoas que pensam, sentem ou participam de atividades relacionadas ao seu signo e planeta regente estão aumentando o seu poder. Se você conseguir identificar um local que ressoa com o seu signo solar ou planeta regente, poderá mais facilmente convocar o poder e colocá-lo em uso. Você completa o circuito de se engajar no fluxo com sua visualização, intenções e ações.

Plantas

Gêmeos é etéreo, intelectual e se move rápido. Sua cor é amarelo-claro e laranja (embora a maioria dos tons pastéis sirva bem). Mercúrio se sobrepõe a eles, mas também adiciona foco no conhecimento mecânico, no trabalho com colegas, nas habilidades físicas que usam a destreza e na perspectiva imparcial de uma polaridade neutra. Ervas, resinas, óleos, frutas, vegetais, madeiras e flores que exibem fortemente uma ou mais dessas qualidades podem ser invocadas para auxiliar sua magia. Aqui estão alguns exemplos:

- Alecrim, por seu aroma estimulante e poder de impulso mental.
- Lavanda, porque acalma a mente que trabalha muito rápido.
- Potentilla, por ser bem versátil e principalmente por ajudar no comércio.
- Verbasco, para proteção em viagens, cura dos pulmões e uma infinidade de usos.

- Endro, porque acalma a emoção, mas limpa a mente e protege contra ilusões.

Uma vez que entenda a razão para fazer essas atribuições, as listas de correspondências farão mais sentido. Outra coisa a considerar é que cada parte de uma planta pode ressoar mais fortemente com um elemento, um planeta e um signo diferente. Verbasco mostra sua conexão com Gêmeos e Mercúrio através de suas flores amarelo-claras e seu uso na magia de viagens. No entanto, o verbasco também é usado na Magia do Fogo, como uma vela para os mortos, e cresce lentamente em lugares ribeirinhos que são Saturnianos. Quais passos energéticos tomar diante disso vai depender de seu chamado e do seu desejo. O *chamado* é um truísmo na Bruxaria. Quando usa sua natureza de Gêmeos para fazer uma convocação, você é atendida pela parte geminiana da planta.

Os materiais vegetais podem assumir a forma de incensos, óleos de unção, retábulos, poções, banhos, instrumentos mágicos, alimentos, arranjos de flores e assim por diante. A mera presença da planta com o material vinculado a Gêmeos ou Mercúrio será útil para você. No entanto, para obter o máximo benefício da energia vegetal, é necessário se envolver ativamente com ela. Empurre um pouco de sua energia para a planta, em seguida, puxe-a para iniciar o fluxo. Embora muito do material vegetal com o qual trabalha possa estar seco ou preservado, ele mantém uma conexão com os membros vivos de sua espécie. Você também pode

estender a mão e tentar comungar com o espírito, a alma de grupo das plantas, para solicitar sua assistência ou orientação. Isso despertará o poder adormecido nos materiais vegetais secos ou preservados. Passar um tempo com plantas vivas, seja em casa, no seu quintal ou em um jardim público, fortalecerá sua conversa com os seres verdes sob o olhar de Gêmeos.

Cristais

Antes de nos aprofundarmos neste tópico, vamos esclarecer algumas das confusões em torno das pedras para cada signo do zodíaco. Existem diversas listas de pedras associadas aos signos. No entanto, é importante estar ciente de que algumas pedras estão associadas aos meses do calendário em vez dos signos zodiacais. É importante saber que existem sim listas tradicionais, porém, as mais comumente disponíveis para as pedras do mês de nascimento foram criadas por joalheiros para vender mais joias. Também tenha cuidado com a palavra "tradicional". Alguns joalheiros se referem às antigas listas compiladas por outros aurífices como "tradicionais". Listas elaboradas por praticantes de magia também podem divergir devido às variações culturais e à disponibilidade de diferentes pedras nos horários e locais em que foram compiladas. Se você já tem uma forte ligação com uma pedra de seu mês de nascimento e descobre que ela não está realmente conectada

com a energia do seu signo, mantenha-se usando-a. Sua conexão pessoal é a prova do valor que essa pedra tem para você em termos de movimento, conservação e mudança de energia, esteja ela ou não especificamente sintonizada com Gêmeos.

Estas são minhas atribuições preferidas das pedras do mês de nascimento para os signos do zodíaco:

Áries	jaspe-sanguíneo, cornalina, diamante
Touro	quartzo-rosa, âmbar, safira
Gêmeos	ágata, olho de tigre, citrino
Câncer	pedra da lua, pérola, esmeralda
Leão	heliodoro, peridoto, ônix-preta
Virgem	aventurina-verde, ágata-musgo, zircônia
Libra	jade, lápis-lazúli, labradorita
Escorpião	obsidiana, berilo-incolor, nuumita
Sagitário	turquesa, topázio-azul, iolita

Capricórnio	turmalina-negra, howlita, rubi
Aquário	ametista, sugilita, granada
Peixes	ametrina, quartzo-fumê, água-marinha

Existem muitas outras possibilidades que também funcionam muito bem. Sugiro que encontre aquela que melhor se adapta a você como indivíduo. Incluí todos os doze signos caso queira usar as pedras para o seu signo lunar ou ascendente. A experimentação prática é a melhor abordagem, por isso sugiro visitar lojas de cristais, lojas esotéricas e exposições de rochas e minerais sempre que possível. Aqui estão algumas informações sobre as três pedras que eu prefiro para Gêmeos:

Ágata

Se você conhece alguma coisa sobre ágatas, sua primeira pergunta deveria ser: qual delas devo utilizar? A resposta seria: a que você precisa. As ágatas vêm em uma ampla variedade de cores e padrões. A energia de uma Bruxa de Gêmeos é altamente Mutável e seus interesses são diversos. As ágatas ajudam a mantê-la concentrada e conectada ao fluxo de tudo o que estiver fazendo. Elas aterraram sem derrubar. Ajudam a manter sua energia em harmonia com tudo o que estiver fazendo. Explore a família dessas gemas até encontrar seu conjunto favorito de ágatas. Sugiro que você comece com uma ágata azul rendada, pois é suave e acessível.

Olho de Tigre

Embora a ênfase seja na mente de Gêmeos, as emoções também são importantes. O olho de tigre ajuda a ter e manter a autoconfiança à medida que você passar por mudanças. Essa pedra aguça suas percepções, tanto físicas quanto psíquicas, e ter uma percepção clara é essencial para o bem-estar de Gêmeos. Ousadia e certeza são incentivadas por esta pedra e um bom contrapeso à indecisão que pode advir de ver muitos lados de cada questão. O olho de tigre também ajuda quando você processa o medo ou tenta eliminar emoções tóxicas. Existem várias cores comuns ao olho de tigre, o azulado é mais calmante. O avermelhado aumenta a motivação. O olho do tigre dourado estabiliza a mente.

Citrino

Um citrino inspira alegria e otimismo e ajuda a ver suas boas características e habilidades. Isso ajuda a mantê-la centrada para que não oscile ou saia do curso quando estiver a toda velocidade. Sua mente pulará menos e permanecerá concentrada na tarefa. Esta pedra ajuda a direcionar suas energias e intenções para a terra, para atrair abundância material para sua vida. O citrino também é bom para gerar novas ideias e discernimento quando estiver com um bloqueio criativo. Se estiver com muita pressa para comer bem ou descansar o suficiente, use a energia do citrino para incentivar a fazer escolhas mais saudáveis.

A intuição e a orientação espiritual desempenham um papel na criação de correlações e, no caso do conhecimento tradicional, na experiência coletiva de muitas gerações de praticantes. Há também um raciocínio por trás de como essas atribuições são feitas. Compreender esse processo irá ajudar a escolher bem. Aqui estão alguns exemplos desse raciocínio:

- Os cristais atribuídos a Gêmeos são de cores claras e alegres ou vêm em muitas variedades, porque sugerem Gêmeos e Mercúrio em sua aparência Mutável.
- O metal de Gêmeos é o mercúrio. Um metal líquido que muda de forma e conduz eletricidade. Altamente tóxico, por isso o alumínio ou a platina são seus substitutos na maioria dos usos. O alumínio é leve, derrete facilmente e conduz eletricidade. Diz-se que a platina tem qualidades lunares e solares, sendo, portanto, uma versão dos gêmeos de Gêmeos. Cristais que contêm quantidades significativas de alumínio, como cianita-azul, dumortierita e alexandrita também funcionam bem.
- Cristais como lepidolita, larimar e jaspe-amarelo, cuja tradição e usos estão relacionados às ações de Gêmeos ou Mercúrio ou a tópicos como comunicação, viagens e criatividade, são recomendados como cristais para Gêmeos.
- Os cristais que são o oposto dos temas de Gêmeos contrabalançam uma manifestação excessiva dos traços deste signo. Por exemplo, o citrino aparece nas

listas de cristais para muitos outros signos, mas é útil para Gêmeos por seu efeito de centralização e foco.

- Os cristais sugeridos para Sagitário, seu signo oposto, também são úteis para manter o equilíbrio.

Objetos Rituais e a Bruxa de Gêmeos

Um número considerável de Tradições e Escolas de Bruxaria utiliza Instrumentos Mágicos que são consagrados para representar e conter o poder dos elementos. Frequentemente, nesses sistemas, existe um instrumento principal associado a cada elemento e outros que servem como opções alternativas ou combinações desses elementos. Existem muitas razões possíveis pelas quais os elementos são atribuídos a diferentes Instrumentos em diferentes Tradições, e todos funcionam dentro do seu próprio contexto. Encontre e siga o que funciona melhor para você.

Instrumentos Mágicos e objetos rituais são tipicamente limpos, consagrados e energizados para prepará-los para o uso. Além de seguir qualquer procedimento que você possa ter para preparar seus Instrumentos, inclua um passo para incorporar sua energia e identidade como Bruxa de Gêmeos. Isso é especialmente produtivo para Instrumentos Mágicos e objetos rituais conectados ao elemento Ar ou usados para trabalhos de centramento ou para armazenar ou focalizar poder. Ao adicionar energia e padrões de Gêmeos na preparação de seus Instrumentos, você achará mais fácil elevar, mover e moldar energia com elas em seus trabalhos.

No entanto, existem muitos Instrumentos Mágicos e objetos rituais que não estão associados a um elemento específico. O núcleo de sua força vital e poder mágico emanam de seu Sol em Gêmeos. Portanto, quando você conscientemente une sua consciência do núcleo geminiano com o poder que flui através das ferramentas ou objetos, isso aumenta a eficácia deles. Desenvolva o hábito de usar o nome "Gêmeos" como uma palavra de poder, o glifo de Gêmeos para invocar poder e as cores pastéis, amarelas ou laranja de Gêmeos para visualizar seu fluxo. Seja através de um pêndulo, bastão, cristal ou cálice, sua energia de Gêmeos rapidamente se elevará e responderá ao seu chamado.

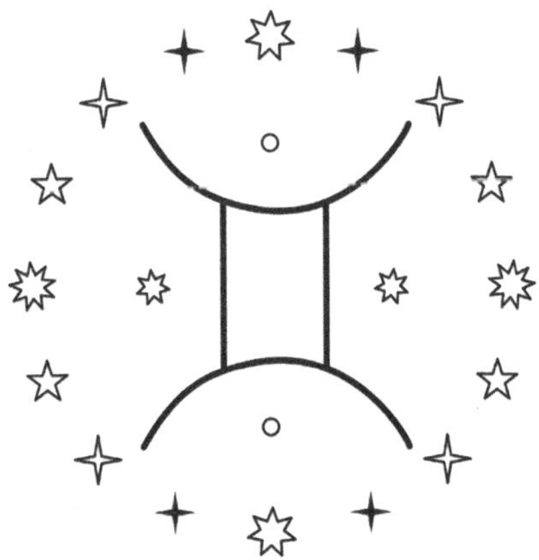

Uma Prática de Energização

Quando conscientemente você direciona sua energia de Bruxa de Gêmeos para seus Instrumentos Mágicos, eles se ajustam mais próximos à sua aura. Aqui está um método rápido para energizar qualquer instrumento com sua energia de Gêmeos.

1. Coloque o instrumento à sua frente, sobre uma mesa ou um altar.
2. Respire profundamente, imaginando que está inspirando energia amarela-clara, e então diga "Gêmeos" enquanto expira. Repita isso três vezes.
3. Levante os antebraços para que formem duas linhas verticais paralelas. Agora, mova os antebraços para que fiquem paralelos e horizontais um ao outro. Você acabou de formar o glifo de Gêmeos.
4. Usando um dedo, trace o glifo de Gêmeos sobre ou no instrumento que estiver carregando. Repita isso várias vezes e imagine o glifo sendo absorvido pelo instrumento.
5. Pegue o instrumento, respire profundamente enquanto imagina a energia amarela-clara. Em seguida, sopre essa energia carregada sobre o instrumento.

6. Diga "Abençoado seja!" e prossiga utilizando o instrumento ou guarde-o.

Espero que esta prática de energização inspire e incentive você a experimentar. Desenvolva o hábito de usar o nome "Gêmeos" como palavra de poder. Use glifo de Gêmeos para invocar poder e as cores deste signo para visualizar seu fluxo. Fique à vontade para usá-los espontaneamente. Seja com um pêndulo, um bastão, um cristal, um cálice, uma túnica ritual ou qualquer outra coisa que capte sua imaginação, esses métodos simples podem ter um grande impacto. A energia de Gêmeos que você imprime em objetos rapidamente ascenderá e atenderá o seu clamor.

Feitiço de Clareza com Cristal para uma Bruxa de Gêmeos

Por Najah Lightfoot

Gêmeos. Governado pelo planeta Mercúrio. Perspicaz, inteligente, superesperta, versátil, adaptável. Estas são as nossas características positivas. Ficamos facilmente entediadas, irritadas e frustradas. Somos rápidas ao enfurecer, mas lentas para irritar. A nativa de Gêmeos vai queimar você rapidamente, mas depois vai querer aplicar um curativo. Ela é leal, mas pode ser implacável. Consegue pensar para frente e para trás ao mesmo tempo. Altamente intuitiva e sensível.

Uau! Ser os Gêmeos do zodíaco é cansativo! Uma Bruxa de Gêmeos tem muita coisa acontecendo em sua mente. Somos altamente extrovertidas, mas profundamente introvertidas ao mesmo tempo. Toda essa fortaleza mental pode nos desgastar, derrubar, fazer-nos chorar incontrolavelmente e, um dia depois, sorrir.

Não é de se admirar que precisemos de espaço – lugares onde possamos recarregar energias, aquietar os nossos cérebros e as nossas mentes, encontrar o alívio e a trégua da clareza cristalina. Este feitiço escrito especificamente para as Bruxas de Gêmeos ajudará você a desacelerar, respirar e se concentrar. Isso vai ajudá-la a diminuir a inquietação e simplesmente mantê-la no agora, sem distrações daquela coisa que acabamos de ver. Como posso saber disso? Porque sou uma geminiana mercurial por excelência! Isso mesmo. Nasci no mês de Maio, logo após o início da temporada de Gêmeos. E obviamente também sou escritora, o que é bom para meu cérebro de Gêmeos.

Localização, localização, localização! Escolha um local onde você não será perturbado. Se você puder ficar do lado de fora, melhor ainda. Como é um signo de Ar, o ar fresco é essencial. Ao ar livre podemos respirar e relaxar.

Você vai precisar de:

- Cristal de quartzo-transparente
- Suporte para vela resistente ao fogo
- Vela branca

Instruções:

Para este feitiço, reúna sua vela branca e seu cristal de quartzo-transparente, a vela mestra dos cristais. O quartzo-transparente é um canal para clareza, foco e amplificação de suas intenções.

Coloque sua vela branca em um castiçal à prova de fogo. Acenda a vela. Diga: "Abençoado seja o elemento Fogo. O fogo que ilumina o caminho da clareza para mim."

Segure seu cristal de quartzo-transparente na altura dos olhos. Olhe para o cristal. Olhe fixamente para o cristal até sentir que está começando a relaxar. Feche os olhos e permita que quaisquer imagens ou pensamentos passem por você. Quando se sentir pronta, abra os olhos e veja o mundo com sua nova clareza. Apague a vela abafando-a ou usando os dedos para apagá-la. Mantenha sua vela branca e seu cristal juntos em um lugar onde possa reuni-los facilmente, para usá-los novamente sempre que sentir necessidade de repetir este feitiço.

♊

Os materiais vegetais a seguir têm uma conexão única e especial com a energia de uma Bruxa de Gêmeos, oferecendo um bom ponto de partida para suas práticas.

Ervas

Elecampane	Serve para banir seres negativos, trabalhar em transe, concentrar seu poder
Feno-grego	Traz sorte, atrai dinheiro, e é bom para ancorar a intenção
Milefólio	É protetor da alma, bom para adivinhação e ajuda ver além dos enganos

Flores

Lírio-do-vale	Bom para o otimismo, para invocação e para abrir planos superiores
Ervilha-doce	Traz força, honestidade e comunhão com os espíritos da natureza
Papoula-californiana	Reduz o estresse e revela espíritos e sonhos proféticos

Incenso e Fragrâncias

Sândalo-branco	Bom para meditação, atrai prosperidade, invoca o divino
Mástique	Une diferenças, melhora o aprendizado, aumenta a concentração
Capim-limão	Abre dons psíquicos, traz clareza de propósito e adivinhação

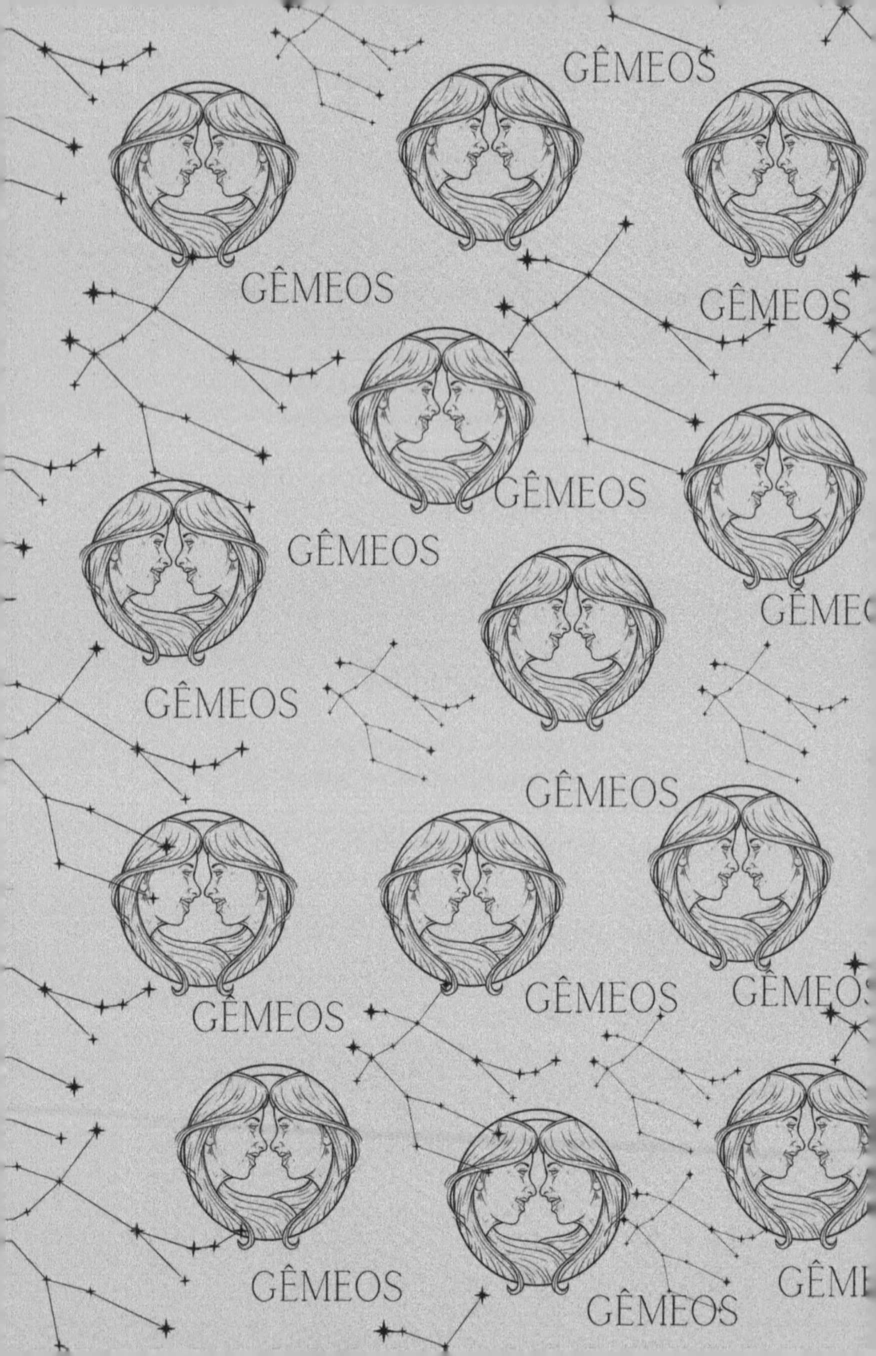
GÊMEOS
GÊMEOS
GÊMEOS
GÊMEOS
GÊMEOS
GÊMEOS
GÊMEOS
GÊMEOS
GÊMEOS
GÊMEOS
GÊMEOS
GÊMEOS

LIMPEZA E PROTEÇÃO

Laura Tempest Zakroff

Quando pensamos em boa higiene, tendemos a pensar em limpar o corpo físico. Mas as boas práticas de higiene também se estendem ao nosso eu espiritual, emocional e mental. Limpar e eliminar a energia tóxica são importantes para nos manter saudáveis. Essas práticas se aplicam não apenas ao seu corpo, mas também ao seu espaço, além de ajudar imensamente a minimizar a nossa exposição, tomando medidas preventivas que nos protegem e nos resguardam. Como disse certa vez o inventor, escritor e diplomata Benjamin Franklin: "Um grama de prevenção vale um quilo de cura". Isto é especialmente verdadeiro para limpeza e proteção energética. Especialmente porque, como geminianas, somos mais atraídas por pequenas tarefas do que por grandes provações elaboradas. Não que não gostemos do que é sofisticado e teatral em teoria, mas na execução de realmente realizar qualquer coisa, temos mais sucesso em fazer o que é rápido e acessível. Nesta seção, abordaremos alguns métodos simples que você achará úteis como geminiana para manter uma higiene metafísica eficaz.

Para limpar e proteger a si mesma e seu espaço, você pode trabalhar com os elementos de várias maneiras – sozinhos ou em combinação. Por exemplo, queimar incenso é tecnicamente uma combinação do uso de Fogo (a chama), Terra (o incenso) e Ar (a fumaça). Um banho de limpeza pode envolver ervas e sal, além de água, e é necessário calor para aquecer a água. Considere também que os elementos podem ser usados tanto para eliminar a energia indesejada quanto para trazer a energia desejada. Pense no processo como usar um quadro branco: você limpa o que não é mais necessário, criando uma superfície limpa. Depois adiciona suas próprias informações com marcadores de sua escolha. A chave é focar sua intenção enquanto faz o trabalho.

Areje

Os geminianos tendem a ter pulmões sensíveis, por isso tendemos a estar muito conscientes do cheiro, da qualidade do ar e de como nossa respiração é afetada. Portanto, o ar pode ter um impacto poderoso em nós e nos nossos espaços. Limpar com fumaça e construir com perfume geralmente também é muito rápido e fácil de fazer.

A limpeza com fumaça é exatamente o que parece: limpar uma área de energia indesejada por meio do poder da fumaça. Assim como aspirar, mas não há necessidade de conectar nada ou fazer barulho para assustar os animais! Se eu quiser realmente limpar um espaço, farei uma varinha de ervas com o que é local para mim. Quando eu morava em Seattle, havia um cedro gigante na mesma rua. Aqui na Nova Inglaterra, olho para o meu jardim, onde tenho artemísia, sálvia, lavanda e alecrim, tudo ao meu alcance.

A artemísia cresce especialmente rápido e abundantemente e é fácil de secar. Se você não tem um jardim ou uma área próxima onde possa fazer artesanato, certamente não é o fim do mundo (nem um problema para o seu cartão de Bruxa), compre na seção de ervas de sua mercearia local. Simplesmente abençoe as ervas adquiridas enquanto prepara o pacote. Para fazer uma varinha de ervas, tudo o que precisa é reunir um pequeno ramo de ervas (cerca de 15 a 20 centímetros de comprimento, com caules intactos), enrolá-los com fios naturais e pendurar o pacote em algum lugar seguro para secar. Quando estiver pronto para queimá-lo, simplesmente acenda uma das pontas e apague suavemente a chama com seu sopro para que ela arda e fumegue. Ao fazer esse tipo de limpeza em um ambiente, caminhe três vezes pelo espaço no sentido anti-horário. Quando limpo meu corpo (ou o de outra pessoa), gosto de colocar a varinha fumegante em um pequeno caldeirão e ficar na frente ou sobre ele, agitando a fumaça que sai e passando-a pelo corpo.

Então, a limpeza com fumaça é ótima para remover energias indesejadas, mas que tal trazer a energia desejada e criar uma atmosfera especial? É aqui que o incenso se destaca. Se pretendo simplesmente mudar a energia da sala ou a minha própria, queimarei um pouco de incenso. Para trazer energia para mudar um espaço, tendo a me mover no sentido horário, geralmente pelo menos três ciclos. Também posso desenhar sigilos no ar nas janelas e portas para proteção extra. Este método funciona excepcionalmente bem quando você precisa que suas proteções fiquem invisíveis. As principais coisas a considerar ao queimar incensos são como você deseja que o espaço seja, que clima procura e o que deseja atrair para o espaço.

Adoro um bom incenso, mas sou muito exigente quanto ao que queimo e por quanto tempo. Gosto de produtos básicos sólidos, como sândalo, olíbano e nag champa – todos geralmente fáceis de encontrar em forma de bastão ou cone. Cada um deles produz um agradável cheiro de terra que não é muito pesado e cria uma atmosfera positiva. Atualmente, meus incensos rápidos favoritos são misturas soltas de meus amigos do The Veiled Crow[2]; tudo o que você precisa fazer é acender o incenso em uma tigela à prova de fogo e ele produz uma fumaça fabulosa que queima por apenas alguns minutos se fizer uma pequena quantidade. Não é necessário um bloco de carvão! Você também pode fazer suas próprias misturas de incenso com bastante facilidade a partir de ervas e resinas, se não se importar em se besuntar um pouco e gostar de caçar ingredientes.

Mesmo se for alérgica ou altamente sensível à fumaça e ao incenso, ainda poderá se beneficiar da utilização do ar para limpar um espaço de outras maneiras. Se a fumaça for um princípio irritante, você poderá usar um spray de limpeza. Use tinturas (líquidos com infusão de ervas ou óleo) que já vem em práticos frascos de spray. Eles estão facilmente disponíveis on-line na maioria das lojas de Bruxas, ou você pode fazer os seus próprios. Basta borrifar o espaço a ser usado ou o corpo. Se o problema for o cheiro, então você não vai errar em simplesmente abrir algumas janelas e trazer ar fresco. Na verdade, isso é algo que eu faço de qualquer maneira, quer esteja usando fumaça, incenso ou spray. O ideal é abrir pelo menos duas janelas em extremidades opostas

2. Visite-os em https://www.veiledcrow.com/.

do seu espaço para criar uma corrente para que o ar seja puxado pelo espaço. Você também pode usar um pequeno ventilador para ajudar. Mesmo em um dia muito frio, não é preciso fazer isso por muito tempo; apenas alguns minutos bastarão e garanto que você notará a diferença.

O Caminho da Água

O ar é definitivamente uma opção sólida quando precisamos fazer uma limpeza rápida que não exige muito tempo ou esforço. Mas existem outras formas de limpeza que ainda são bastante fáceis, mesmo que envolvam um pouco mais de tempo e esforço. Quando preciso mudar drasticamente a energia de um espaço ou meu humor, recorro à água.

Eu tenho muitos caldeirões (o que tende a acontecer se você escrever um livro sobre eles, eu acho), e as pessoas sempre me perguntam qual é o meu favorito. Sem dúvida, é a minha banheira. Eu não a uso apenas para limpar meu corpo mundanamente, ela também é ideal para limpeza, cura, bênção e outros trabalhos mágicos. Também adoro que o trabalho no banho ou no chuveiro seja muito simples, mas com certeza poderia adicionar mais temperos se estiver com vontade, como velas, incenso, sais, tinturas especiais e assim por diante. Para uma limpeza bem simples, apenas água e um punhado de sal marinho resolverão. Se você tiver uma conexão com um corpo d'água local ou poço especial e tiver coletado um frasco de água, pode adicionar algumas gotas à mistura. Quando quero me recompor, encho um saco de musselina com algumas ervas do meu jardim, incluindo pétalas de rosa ou rosa mosqueta, artemísia, lavanda e qualquer outra coisa que possa ser apropriada para o trabalho. Eu uso o saco em vez de borrifar folhas e pétalas diretamente na água, porque, embora pareça bonito, a última coisa que quero fazer depois de fazer uma bênção ou um banho de limpeza é ter o trabalho pesado de limpar a banheira ou me preocupar com meu encanamento. Além disso, antes de adicionar qualquer erva ao banho, verifique se há algum problema de saúde que deva conhecer para evitar reações alérgicas ou outros problemas.

No lado mais mundano da coisa – mas na minha opinião tão importante e poderoso quando se trata de limpeza – está a limpeza física de um espaço. Se estou me sentindo mal, muitas vezes tudo que preciso fazer é observar o que está acontecendo em minha casa para efetuar alguma mudança. Não precisa ser a casa inteira ou mesmo um cômodo inteiro – às vezes apenas minha mesa ou a pia do banheiro bastam. Acho que isso ajuda a limpar a mente, ao mesmo tempo que me dá um meio físico de afetar meu mundo imediato. Adicione um pouco de água benta ao que você está esfregando, passando o pano ou borrifando e terá incluído um toque de magia na tarefa.

Por último, embora não seja exatamente água, um processo que certamente envolve magia líquida é a unção com óleo. Aplicar um pouco de óleo nos pulsos, pescoço e/ou esterno é uma ótima maneira de adicionar uma camada de proteção diária. Se você não sabe por onde começar, experimente uma essência floral que atenda tanto a Gêmeos quanto ao mês em que você nasceu:

- Gêmeos de maio – lírio-do-vale, espinheiro
- Gêmeos de junho – rosa, madressilva

Estas flores são conhecidas por florescer no mês do seu nascimento e são bastante perfumadas. Se a época do ano estiver certa, colha algumas flores no seu aniversário e faça uma infusão ou tintura de óleo e use durante todo o ano.

O Poder das Coisas que Brilham

A forma como nos vestimos e nos adornamos nos permite experimentar ideias e explorar a identidade. Tendemos a não ter um estilo específico, mas, sim, vários estilos preferidos. Afinal, nós, geminianas, temos multidões! Além disso, há muita magia a considerar na forma como nos adornamos. A magia do glamour tem tudo a ver com mudar não apenas a forma como os outros nos percebem, mas também como nos sentimos em relação a nós mesmas. Adicionar elementos de proteção traz outra camada poderosa ao conjunto. Você não está apenas se adornando esteticamente, mas também adicionando um escudo de proteção.

Quando eu era adolescente, li um artigo sobre geminianos que dizia que "temos tendência a adornos excessivos". Olhei para minhas mãos cobertas de anéis de prata e pensei: "Defina excessivo, porque tudo isso é necessário!" Há rumores de que Coco Chanel disse: "Antes de sair de casa, olhe-se no espelho e tire pelo menos uma coisa". Isso nunca me agradou. Embora seja verdade que olhar no espelho antes de sair de casa seja uma boa regra, estou mais inclinada a acrescentar pelo menos mais uma coisa – e ter a certeza de que aquilo é um item de poder e significado para mim. Tem certas coisas que nunca saio de casa sem usar: um colar consagrado e pelo menos uma "pulseira contra mau-olhado".

O poder e o significado iniciais podem vir de onde você conseguiu o item – talvez tenha sido um presente de uma pessoa querida, uma recompensa conquistada com muito esforço ou de um lugar ou viagem especial. Acredito que simplesmente usar esse item cria um nível de poder e proteção, mas você sempre pode tomar medidas adicionais para infundi-lo com uma energia específica, abençoando-o ou consagrando-o.

Um Escudo Brilhante

Este é um trabalho simples para carregar uma joia com a tarefa de ser um escudo portátil.

Você vai precisar de:

- 4 representantes dos elementos: uma pequena tigela com água, um pouco de sal ou terra, seu incenso favorito e uma pequena vela.
- Uma joia: recomendo escolher uma que possa usar no corpo todos os dias que não cause irritação, como um anel simples, um pequeno pingente ou um broche feito de prata, ouro ou metal semelhante de alta qualidade.

Para acessar sua essência de Gêmeos, você pode realizar este feitiço quando a lua cheia ou nova estiver em Gêmeos.

1. Monte seu espaço de trabalho com elementos prontos – velas acesas e incenso.
2. Pegue as joias e passe-as pela fumaça, dizendo: "Eu carrego este (item) com o poder do Ar para me proteger de maus ventos e pensamentos negativos".

3. Em seguida, passe cuidadosamente as joias pela chama, dizendo: "Eu carrego este (item) com o poder do Fogo para queimar tudo o que possa me fazer mal".
4. Agora mergulhe as joias na tigela com água, dizendo: "Eu carrego este (item) com o poder da Água para eliminar ameaças potenciais e energia indesejada".
5. Em seguida, coloque as joias em seu elemento Terra e diga: "Eu carrego este (item) com o poder da Terra para trazer solidez e força ao meu escudo".
6. Por último, você também pode pedir proteção adicional a uma divindade, espírito ou ancestral, dizendo: "Usando este (item) como guia, peço que (nome da entidade) me cuide e me guie enquanto uso este escudo brilhante. Assim seja.

Você pode abençoar vários itens dessa forma e recarregá-los regularmente se achar necessário. Pode fazer isso repetindo o feitiço novamente, mas colocar o item no altar quando não o estiver usando também é um bom método.

O QUE TIRA UMA PESSOA DE GÊMEOS DO SÉRIO E COMO ACALMÁ-LA

Laura Tempest Zakroff

Uma maneira rápida de irritar uma geminiana é nos apresentar informações que sabemos que estão erradas. Quer esteja sendo dito diretamente para nós ou seja algo que observamos acontecendo com outra pessoa, nosso instinto é consertar. AGORA. Mas esse nem sempre é o melhor curso de ação para a nossa sanidade e bem-estar geral. Você já deve ter visto a tirinha on-line do XKCD intitulado "Duty Calls"[3]. Se ainda viu, trata-se de um único quadro em preto e branco mostrando um boneco de palito representando uma pessoa sentada em uma mesa de frente a um computador. Há um diálogo acontecendo entre a pessoa e alguém fora do quadro, de costas para quem fala. Este último pergunta: "Você vem para a cama?" A pessoa sentada à sua mesa responde: "Não posso. Isso é importante." A outra pessoa pergunta: "O quê?" e a resposta é: "Alguém está agindo *errado* na internet".

3. XKCD, "Duty Calls," XKCD, acessado em 31 de Outubro de 2022, https://xkcd.com/386/.

Tenho a certeza de que em algum momento você também foi essa pessoa. Uma das coisas mais difíceis para mim, como Bruxa de Gêmeos, é a propagação de desinformação. Meu estado natural padrão é "deixe-me te contar TODAS AS COISAS", não porque quero mostrar o que sei, mas porque sou apaixonada por compartilhar informações que podem ser úteis para outras pessoas. Portanto, a transmissão de dados inconsistentes, imprecisos ou simplesmente incorretos me deixa maluca. Posso ser dominada por esse desejo de resolver o mal-entendido e, em vez disso, divulgar as informações certas.

O que se qualifica como desinformação quando se trata de Bruxaria? Poderia ser fazer generalizações que são mais prejudiciais do que úteis, como sobre certos grupos, culturas ou tradições. Ou dar instruções que poderiam ser perigosas para praticantes inexperientes, tais como riscos de incêndio ou o uso impróprio de ervas nocivas que poderiam levar à doença ou à morte se usadas incorretamente. A publicação de informações tendenciosas ou enganosas sobre outras Bruxas ou práticas principalmente para provocar drama é outro exemplo.

Como Evitar a Isca

Eu costumava ficar bastante preocupada com isso, o que significa que instantaneamente usava o teclado para corrigir o que estava errado. Mas aprendi a relaxar e observar as ondas de informação que passam. Descobri que é melhor não reagir imediatamente e, em vez disso, observar e avaliar o que está acontecendo à medida que se desenvolve. Essa pausa na abordagem me ajuda a formar uma opinião melhor sobre a situação e talvez oferecer uma visão que será mais útil ou harmoniosa.

Com qualquer tipo de notícia ou divulgação de informação, vai acontecer uma espécie de efeito pêndulo. No início, com a introdução do novo material, tudo oscila fortemente para um lado. Então você descobrirá que a opinião oscilará fortemente na direção oposta. Depois, em poucos dias, é encontrado um meio-termo entre os dois extremos, muitas vezes resolvendo as discrepâncias e incorporando opiniões divergentes de uma forma mais equilibrada.

Por exemplo, digamos que o tema em alta seja uma postagem humorística em um blog sobre "Por Que os Gatos São os Melhores Familiares". Isso vai gerar uma série de respostas do tipo: "Com Certeza Eles São", e então, alguém vai argumentar: "Gatos Não São os Melhores Familiares e eu digo o porquê", acompanhado por outra pessoa que escreve "Por Que Seu Gato Não é Seu Familiar, o Que Mais Está Errado Com Sua Prática?", e todo mundo fica preocupado com isso.

Eventualmente, a tendência chegará a um ponto em que alguém apresentará um complemento atencioso que fale sobre a história dos familiares, talvez inclua referências históricas e contemporâneas e reconheça que todos nós temos sentimentos fortes sobre nosso relacionamento com nossos animais de estimação, mágicos ou não. Razão e contexto são aplicados de forma mais ponderada e, basicamente, prevalece a cabeça mais fria. E então todos passam para a próxima coisa, como sempre fazem.

Pode ser divertido se deixar levar pelo momento, pilotando o pêndulo enquanto ele balança, mas isso também pode ser igualmente estressante e cansativo. Tentar corrigir uma ideia ativamente muitas vezes acaba nos colocando em uma posição onde precisamos nos defender. É melhor aproveitar alguns de seus outros pontos fortes de Gêmeos, como a capacidade de considerar vários pontos de vista e jogar mentalmente com múltiplas estratégias, em vez de agir impulsivamente. Em vez de entrar na briga, use a oportunidade de trazer um sentido mais profundo de compreensão e harmonia à situação. Apenas lembre-se de respeitar os sentimentos dos outros na forma como você expressa o que escreve ou diz. Além disso, se Mercúrio estiver retrógrado, fique mais atenta a possíveis falhas de comunicação. Mesmo com as melhores intenções, as coisas podem facilmente dar errado nesses momentos.

Este é o Momento Certo?

Muitas vezes, você não vai conseguir adicionar nada diretamente a uma conversa ou discurso. O que fazer, então? Primeiro, é bom saber se é sua função ou melhor atitude intervir. Às vezes, simplesmente não é uma boa prerrogativa adicionar mais argumentos. Você especialmente não quer falar sobre aquilo ou especialmente falar por outras pessoas cujas vozes são frequentemente privadas de direitos, ignoradas ou de outra forma negligenciadas. Faça o que puder para direcionar o foco para essas pessoas, a fim de amplificar suas vozes. Outra coisa a considerar é que talvez você não esteja tão informada sobre um assunto quanto imagina. Seja honesta consigo mesma e fique em segundo plano na conversa para se informar melhor.

Mas e se o assunto lhe diz respeito? Muito diretamente? E então? Como autora, uma das coisas mais frustrantes para mim são as resenhas que não refletem com precisão a natureza de um trabalho meu. Eu sei, eu sei, sempre dizem que não devemos ler as críticas. Mas geminianos são tão curiosos (e obcecados por informações) por natureza, que é difícil não dar uma olhada para ver como um trabalho está sendo recebido. Tendemos a ver um pouco de tudo (e de todos) quando expomos nosso trabalho ao mundo, e há muito pouco que possamos fazer sobre sua recepção depois que estiver disponível. Tendo formação como artista visual e designer, sou versada no processo crítico – tanto em dar quanto em receber críticas construtivas. Mas as resenhas de livros tendem a ser um animal totalmente diferente. Embora existam críticos profissionais por aí, a maioria das pessoas está simplesmente compartilhando seus sentimentos e opiniões da maneira que quiserem – o que é totalmente normal! Elas tendem a se concentrar mais nos sentimentos de alguém do que no interesse em fornecer informações que um autor possa usar de forma construtiva no futuro. Não quer dizer que todo feedback negativo seja ruim ou mal-intencionado, pois às vezes podemos aprender como fazer algo melhor considerando coisas que nos deixam desconfortáveis. Sempre há espaço para melhorias, especialmente quando isso é apresentado de maneira respeitosa. Mas pode ser muito frustrante quando alguém – por qualquer motivo – entende mal ou deturpa você/seu trabalho na crítica, ou é até mesmo abusivo ou desagradável.

Olhando Tudo com uma Visão mais Ampla

Então, como faço para lidar com esse tipo de negatividade emocional e mentalmente? Minha melhor solução é considerar que uma resenha muitas vezes diz mais sobre o leitor do que sobre você ou a obra em si. Suas palavras podem dar uma ideia do que deixa a pessoa entusiasmada ou com medo, seu nível de experiência (ou falta dela) e seu estado geral de ser. Ajuda lembrar que ainda há uma pessoa do outro lado dessas palavras, mesmo que ela não esteja lhe dando a mesma cortesia ou reconhecimento. É fácil sentir-se anônimo ou antipático atrás de uma tela (alguns até percebem poder nessa posição), mas ainda há um ser humano em ambos os lados da equação.

Às vezes também ajuda ter um pouco de trabalho em equipe para processar ideias e pensamentos. Se alguma coisa consegue me irritar, converso com meu parceiro sobre isso. Acho que isso ajuda a aliviar um pouco o estresse conversando sobre o assunto com alguém em quem confio e que conhece a mim e meu trabalho. Outra amiga que também é Bruxa e autora de Gêmeos tem um acordo com o parceiro em relação às avaliações. O parceiro é quem lê as avaliações e depois filtra o conteúdo mais útil. Isso não significa que ele lhe dê apenas as partes boas, mas pode poupar sua parceira de estresse desnecessário quando as pessoas são excessivamente rudes ou preconceituosas em suas críticas.

E se você não for uma escritora, artista, musicista, poetisa ou outro ser criativo cujo trabalho é frequentemente sujeito a críticas? Considere aplicar meu conselho a outras áreas onde possa ser examinada ou criticada, como uma situação profissional ou familiar. O que está acontecendo com a outra pessoa em sua vida agora? Você pode conversar para esclarecer as coisas? Se não, é algo para o qual deseja redirecionar sua energia ou é melhor ignorá-lo? Você pode perder muito tempo e energia tentando se defender de alguém que não está interessado em ouvir o seu lado da história. Se não for uma pessoa ou situação com a qual se preocupa ou na qual investe, talvez seja melhor dizer não e seguir em frente.

Lembre-se de que não é sua função corrigir toda a desinformação que existe. Valorize seu tempo e energia escolhendo suas batalhas com sabedoria. Não apenas seus níveis de estresse diminuirão, mas você poderá passar mais tempo concentrando-se naquilo que ama e deseja investir. Sempre uma vitória!

FEITIÇO DA LÍNGUA DE PRATA DE GÊMEOS

Por Irene Glasse

Geminianos são abençoados com habilidades de comunicação, mas até nós podemos precisar de um impulso de vez em quando. Minha natureza de Gêmeos se manifesta em meu trabalho comunitário – frequentemente trabalho em equipe. Às vezes, isso significa que preciso persuadir os outros a seguirem o meu exemplo. Nessas horas, apoio-me fortemente nas minhas habilidades de comunicação de Gêmeos. Execute este feitiço quando precisar convencer outras pessoas do seu ponto de vista. Ele foi projetado para aprimorar seus dons naturais.

Você vai precisar de:

- Um pequeno sino artesanal de prata preso a um cordão ou corrente longo o suficiente para ser colocado sobre a cabeça e usado como um colar.
- Incenso de sândalo branco, fósforos/isqueiro e um queimador de incenso.
- Uma xícara de chá doce e picante (chai, mel, gengibre e chás frutados "zinger" funcionarão bem aqui).

Instruções:

Este feitiço é realizado de forma mais eficaz numa quarta-feira durante a hora planetária de Mercúrio. Reúna seus suprimentos e faça um espaço sagrado, se desejar.

Comece oferecendo incenso a uma Divindade associada à comunicação ou dotada de poesia no panteão com o qual você mais trabalha. Alguns exemplos são Bragi ou Odinn (nórdico), Íris ou Hermes (grego), Ogma (céltico) e Papa Legba (vodu). Se você não trabalha regularmente com um panteão específico, ofereça o incenso ao planeta e Divindade regente de Gêmeos, Mercúrio (romano).

Enquanto acende o incenso, diga

Salve, ó resplandecente, contador de histórias
Salve, ó viajante, veloz nas trilhas
Doce é o som da sua canção sagrada
Esteja comigo agora para tornar esse feitiço forte
Incenso eu ofereço para santificar o Ar
Apresentado a você junto a esta prece
Salve, (nome da Divindade)!

Pegue o sino com as duas mãos. Segure-o sobre a xícara de chá balançando suavemente as mãos em concha para fazer o sino tocar. Diga:

Brilhante e prateado, suave e claro
Quando o doce som deste sino eu escutar
Minha voz ressoará com poder persuasivo
Do primeiro tom por uma hora inteira
De língua prateada eu serei
Minhas palavras fluindo suave e facilmente

Coloque o colar com o sino, sentindo a conexão do sino próximo ao seu chacra da garganta, o centro da comunicação.

Visualize-se dotado de poder persuasivo. Imagine cenários onde as pessoas ouvem você e são influenciadas por suas palavras. Pense em como será usar a linguagem de forma tão eficaz. Quando sua visualização estiver clara e detalhada, comece a aumentar a energia de uma forma apropriada para você (exercícios respiratórios, dança, música ou canto). Quando sentir que não consegue reter mais a energia dentro de você, sopre a visualização na xícara de chá. Isso pode exigir mais de uma respiração. Pegue a xícara de chá e diga:

Eloquência flui para mim
Doce e picante como este chá
Toque meus lábios e língua com habilidade
Poder persuasivo que agora instilo

Para acender mais forte quando ouvir
O sino prateado soar claramente aqui

Beba o chá, aproveitando para apreciar o sabor. Ao fazer isso, visualize o poder que criou fluindo para dentro de você, presenteando-a com eloquência.

Solte seu Círculo e coloque o sino em algum lugar seguro. Quando precisar explorar o poder da linguagem para persuasão, toque o sino antes de iniciar a conversa. Ele atuará como a faísca para colocar o encantamento em movimento.

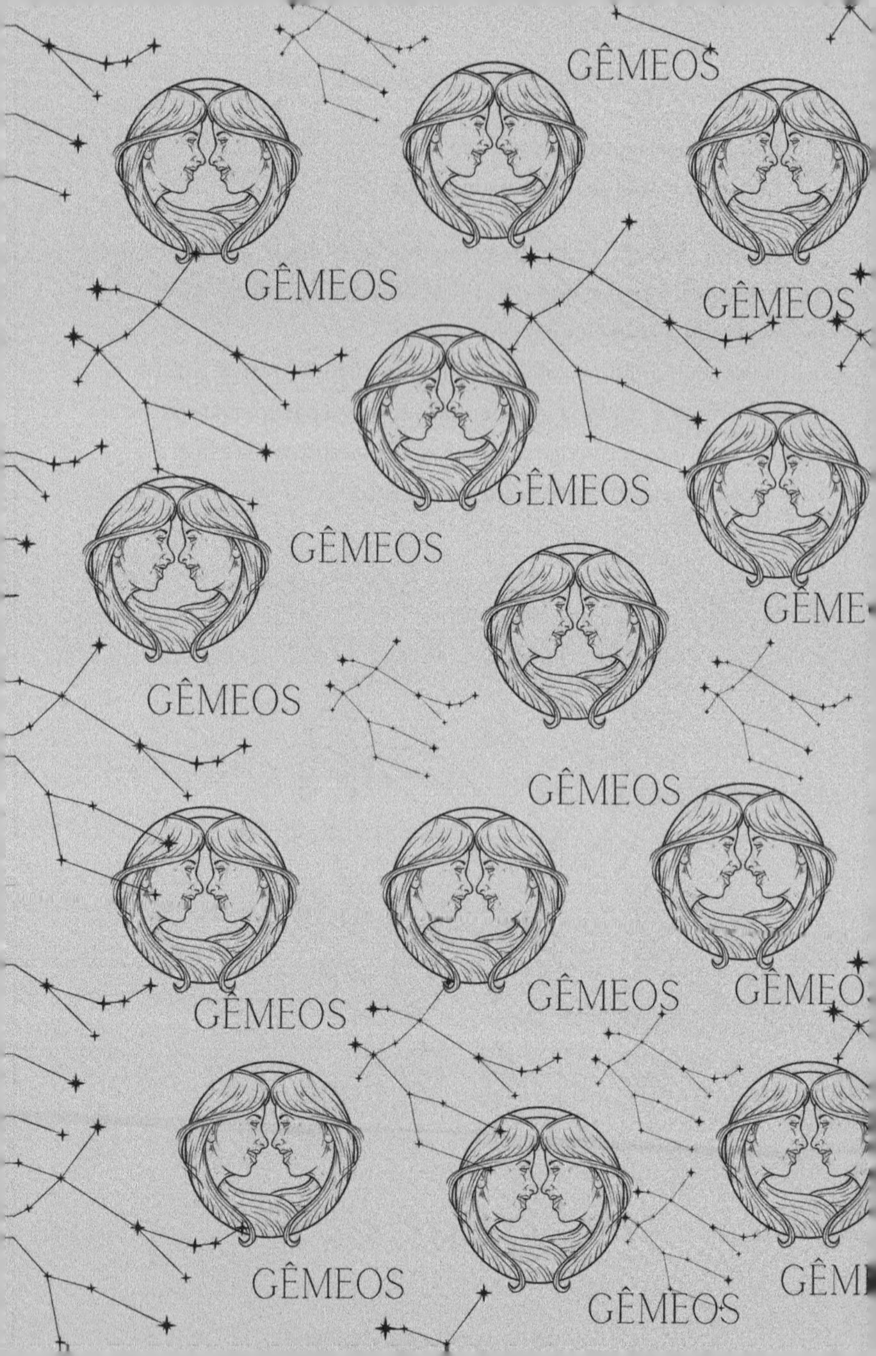
GÊMEOS
GÊMEOS
GÊMEOS
GÊMEOS
GÊMEOS
GÊMEOS
GÊMEOS
GÊMEOS
GÊMEOS
GÊMEOS
GÊMEOS

UMA BIOGRAFIA BREVE DE DOLORES ASHCROFT-NOWICKI

* * *

Tiffany Lazic

Sabe aquela sensação que temos quando acidentalmente tropeçamos em algo que esteve lá o tempo todo, logo abaixo da nossa linha de visão, e é uma revelação tão ofuscante que nos perguntamos como eu existia antes dessa revelação? Descobrir Dolores Ashcroft-Nowicki foi essa experiência para mim.

Nascida em 1929, esta notável professora esotérica parece ter sido beijada pelo limiar desde o início. Sendo criada na Ilha de Jersey – influenciada pelo Reino Unido, mas não controlada pela costa da França, e não "pertencendo" a nenhum deles – este não poderia deixar de ser o terreno gestacional ideal para um espírito de Gêmeos. Com sua ascendência cigana e seus pais, eles próprios abertos às ciências ocultas, Dolores foi criada com uma poderosa intersecção de natureza mágica e cultura esotérica. Parece inevitável que a sua mente curiosa e o seu espírito de busca a levassem, na década de 1960, ao trabalho de Dion Fortune e da Fraternity of the Inner Light (Fraternidade da Luz Interior). Ela deixou a Fraternidade em boa situação depois de vários anos trabalhando com dois outros pilares significativos da tradição esotérica, W. E. Butler e Gareth Knight, no que viria a ser a Servants of the Light School (Escola dos Servos da Luz). Em 1976, tornou-se

Diretora de Estudos da SOL, cargo que ocupou até há poucos anos, solidamente na casa dos noventa anos e ainda docente.

Eu não presumiria saber qual é a mensagem de Dolores através do trabalho de sua vida, mas se a mente de Gêmeos pode ser resumida em poucas palavras – uma tarefa minimalista que, aliás, é torturante e quase impossível para qualquer nativo de Gêmeos – é através do mais infame dos axiomas gregos que farei isso: "conhece-te a ti mesmo" (*gnothi sauton*). Sempre questionando. Sempre curiosa. Procurando padrões e significados, estruturas e sincronicidades que trazem consciência e compreensão cada vez mais profundas. Os geminianos tendem a não ficar apenas na superfície ou se perderem em detalhes irrelevantes – pelo menos não por muito tempo. Eles procuram os caminhos interligados, explorando com alegria os elementos que se cruzam, muitas vezes chegando a conclusões caleidoscópicas brilhantes.

Inquestionavelmente, destacar a importância do caminho espiritual é um fio condutor que pode ser encontrado em toda a impressionante obra de Dolores, seja ficção, não ficção, livros infantis maravilhosamente caprichosos ou até mesmo nos baralhos de Tarô que ela desenhou. Conhecer a si mesmo é a tarefa, e o método para alcançar esse conhecimento é o caminho espiritual. O objetivo? Refletindo mais uma vez sobre outro belo atributo de Gêmeos, o da generosidade, a própria Dolores diz: "Conheça para servir".

Alguns Ocultistas do Signo de Gêmeos

GERALD GARDNER
Fundador da Wicca Moderna
(13 de junho de 1884)

KENNETH GRANT
Mago cerimonial e escritor
(23 de maio de 1924)

MARCIA MOORE
Astróloga e professora de yoga
(22 de maio de 1928)

ALEX SANDERS
Fundador da Wicca Alexandrina
(06 de junho de 1926)

STARHAWK
Fundadora da Reclaiming e autora do ecofeminismo
(17 de junho de 1951)

SHAKMAH WINDRRUM
Maga cerimonial e mambo
(06 de junho de 1931)

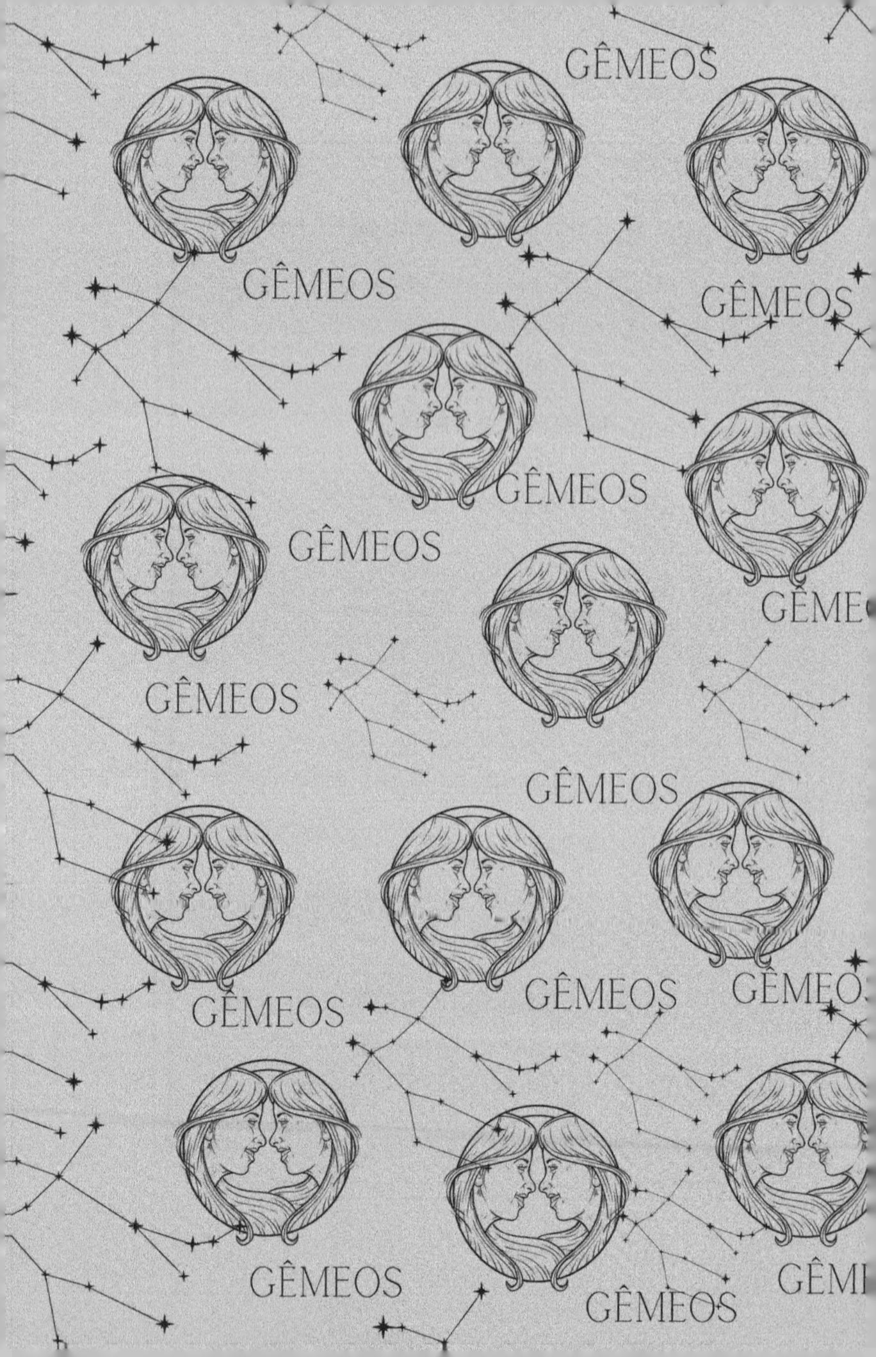
GÊMEOS
GÊMEOS
GÊMEOS
GÊMEOS
GÊMEOS
GÊMEOS
GÊMEOS
GÊMEOS
GÊMEOS
GÊMEOS
GÊMEOS

O BALANÇO DO SEU SIGNO LUNAR

Ivo Dominguez, Jr.

A Lua é o reservatório de suas emoções, pensamentos e todas as suas experiências. É ela que guia seu subconsciente, seu inconsciente e seu instinto de resposta no momento. A Lua serve como a autora, a narradora e a trilha sonora do filme em andamento na sua mente, que resume e mitifica sua história. É como um espelho de vidência, um poço sagrado que dá respostas para a pergunta sobre o sentido de sua vida.

O estilo e a perspectiva do seu signo lunar moldam sua história; uma história que começa como um reflexo do ímpeto do seu signo solar.

A lembrança dos eventos de sua vida é uma história subjetiva condensada; é o seu signo lunar que resume e categoriza o fluxo de dados de sua vida.

Na Bruxaria, a Lua é nossa conexão e guia para as marés físicas e energéticas da natureza, o Plano Astral e outras realidades. A Lua nos céus, enquanto se move através de sinais e fases, também puxa e empurra sua aura. Em seu mapa astral, a Lua revela as qualidades intrínsecas e padrões em sua aura que afetam a forma da sua magia. Seu signo solar pode ser a fonte de sua essência e poder, mas seu signo lunar mostra como você usa esse poder em sua magia. Este capítulo descreve os doze arranjos possíveis do signo lunar com um Sol em Gêmeos e o que cada combinação produz.

♈

Lua em Áries

Combine dois signos de movimento rápido e teremos aqui uma velocista. Uma mente que se move como um raio e que é rápida no trabalho e no lazer. Essa combinação realiza multitarefas melhor do que a maioria das pessoas e sua ideia de descanso é exaustiva para outras pessoas. Essa nativa conhece uma grande variedade de coisas e está sempre aprendendo mais. Ela pode sobreviver assim na maioria das vezes, mas para entender qualquer coisa em profundidade, precisa diminuir o ritmo. Além disso, a paciência é uma virtude que ela precisa adquirir e promover, pois não é uma característica padrão nesta combinação. Essa Lua em Áries deixa a geminiana mais apaixonada e, infelizmente, também aumenta a facilidade com que a irritação se transforma em raiva. Ela é corajosa, inventiva e muitas vezes inspiradora para outras pessoas. Tem um forte impulso de falar a verdade, independentemente das consequências. Gosta de fazer malabarismos com muitas coisas ao mesmo tempo, mas se adicionar muitas e elas começarem a cair, seu estresse pode ser extremo. Se este é seu caso, peça por ajuda; você construiu uma longa lista de favores que lhe são devidos por tudo o que já fez.

Peculiar e engraçada, essa geminiana sabe como fazer amigos e aliados. Ela precisa ter amigos e companhia suficientes para participar de um passeio ou aventura. Embora adore ajudar outras pessoas, é igualmente boa em cuidar de si mesma. Porém não é doméstica nem domesticada, então seus parceiros precisam ser pessoas enérgicas, com planos e objetivos próprios. O tédio ou os limites impostos externamente a deixam irritada. Seus pensamentos são rápidos e ela é muito perspicaz, mas esse fluxo rápido também torna mais difícil reter memórias ordenadas. Anotações, calendários e gravações são seus amigos. Sempre que possível, não deve tomar decisões precipitadas sobre assuntos importantes. Há certa necessidade de tempo para relembrar todos os fatos e detalhes.

A Lua em Áries, como todas as Luas do elemento Fogo, estende-se facilmente para se conectar com a energia de outros seres. As qualidades ígneas limpam e protegem sua aura de acumular detritos emocionais de outras pessoas ou de ser influenciada pelo ambiente. É relativamente fácil misturar sua energia com a de outras pessoas e separá-la de forma clara. Seu Sol em Gêmeos usa as características desta Lua para ampliar o alcance de seu psiquismo e sua fluência em fazer leituras. Essa combinação auxilia na interpretação de sonhos e visões.

♉

Lua em Touro

Esta Lua de Terra Fixa é um complemento tremendamente útil à natureza Mutável e volátil de Gêmeos. Essas nativas têm toda a inteligência e rapidez de Gêmeos e a sólida praticidade de Touro. Isso as torna amigas, confidentes e aliadas sólidas. Nunca duvide que quem as conhecem bem, ama e respeitam quem elas são. Essa geminiana consegue manter um interesse jovem e brilhante pela vida, não importa o que os anos tragam. Seu Sol em Gêmeos a levará a grandes aventuras, tanto maravilhosas quanto problemáticas, e sua Lua em Touro a ajudará a separar o que manter e o que jogar fora. Seu magnetismo pessoal atrairá pessoas para se juntarem a ela em suas buscas e perseguições. A boa notícia é que a maioria das pessoas gostará ou se beneficiará ao ser puxada por ela. Essa combinação faz da geminiana uma boa juíza de caráter, então mesmo os melhores não conseguem enganá-la por muito tempo. Ela sempre se sairia bem em uma posição de liderança ou como mediadora.

Essa Lua em Touro também incentiva a transformar suas ideias em expressões duradouras e tangíveis. Isso pode significar criar poesia, arte, arquitetura, um jardim perene ou quase qualquer outra coisa que outras pessoas possam experimentar. Diz-se que a Lua está exaltada em Touro, o que lhe confere maior poder para adicionar mais serenidade e centramento à sua personalidade. Isso a torna mais determinada a seguir em frente até que seus objetivos sejam alcançados. Ela adora apoiar, mas tem que estar ciente de que seu apoio não ultrapasse os limites de ser intrometida. O ideal é ouvir seus próprios conselhos e imaginar como seria recebê-los. Se sentir-se presa, deve se inclinar para ser mais um Sol em Gêmeos e menos uma Lua em Touro.

A Lua em Touro, como todas as Luas do elemento Terra, gera uma aura que é magnética e atrai energia para dentro. Esta Lua também torna mais fácil criar escudos e proteções fortes. As auras das pessoas com Lua em Touro são excelentes para manter ou restaurar um padrão ou atuar como um vaso ou recipiente em um trabalho. Se este for seu caso, você se sairá bem atuando como invocadora ou recipiente para atrair espíritos para si mesma; você é o destino e não a viajante para seus reinos. As nativas em Gêmeos com a Lua em Touro têm aptidão para se comunicar com as *Fae*, espíritos da natureza e elementais. Além de um talento especial para magia de fertilidade, magia das plantas e para atrair o que precisa.

♊

Lua em Gêmeos

Uma dose dupla de gêmeos. Gêmeos desencadeia um tornado de energia. Essa energia nervosa mantém essa nativa em movimento mesmo quando sua energia física acaba. Isso é ótimo para quem precisa continuar e ruim quando tem que fazer um pouso forçado. Aprenda a ouvir seu corpo e cuidar bem dele para continuar fazendo as coisas que ama. Alimentação e descanso regulares são necessários. Sim, às vezes essa geminiana pode sentir que é uma super-humana, mas a falta de autocuidado pode ser sua criptonita. As rotinas podem parecer chatas, mas irão mantê-la no auge. É importante alocar seus recursos com sabedoria, porque pessoas assim adoram fazer várias coisas ao mesmo tempo. Brilhante, adaptável e original, a geminiana com a Lua em Gêmeos deve apenas lembrar que o tempo é um recurso limitado. Se a receita do bolo diz para assar por uma hora em uma determinada temperatura, não queira comer o bolo em trinta minutos dobrando a temperatura. A atividade física e a estimulação intelectual são o ar que essa nativa respira; ambos são essenciais.

Com essa combinação, sua aparência e personalidade apresentadas ao mundo mudam rapidamente. É difícil para as pessoas acompanharem isso, então dê-lhes algumas pistas sobre qual parte sua está comandando o show. Essas nativas podem passar de afetuosas a indiferentes ou de doces a amargas em instantes, à medida que respondem ao que ouve e vê. Seu intelecto aguçado tem o poder de ver de várias perspectivas e reconsiderar situações. Elas têm o poder de gerenciar quem vai se tornar em resposta ao momento. Concentração, foco e atenção aos detalhes não vêm naturalmente, mas elas tem o que é preciso para desenvolvê-los. Quando fazem isso, que o mundo tome cuidado.

A Lua em Gêmeos, como todas as Luas do elemento Ar, torna mais fácil o envolvimento nas viagens da alma e no psiquismo e dá maior flexibilidade à aura. Quando a aura do Ar alcança e toca algo, ela pode ler e copiar rapidamente os padrões que encontra. A Lua em Gêmeos dá a capacidade de se adaptar e responder rapidamente às mudanças nas condições de energia no trabalho de magia ou no uso dos sentidos psíquicos. O vento pode coletar e transportar poeira e detritos, isso também se aplica a uma aura. Se precisar limpar sua energia, fique o mais imóvel possível e os detritos simplesmente cairão de sua aura. Essas nativas são boas em criar invocações, feitiços e rituais.

♋

Lua em Câncer

Esta Lua aprofunda a capacidade de sentir e identificar emoções na geminiana. O que as leva a ficar mais consciente de suas emoções e dos sentimentos das outras pessoas do que a maioria dos outros geminianos. A Lua em Câncer ajuda a promover um bom equilíbrio entre cabeça e coração, observação e imaginação, e assim por diante. A regência em Câncer, confere uma influência modeladora mais forte na psique da nativa em Gêmeos. Sua memória é forte, principalmente quando se trata de pessoas e lugares. O desejo por mais segurança e estabilidade é além do normal para uma geminiana. Essa nativa gosta de aplicar seu talento criativo e energia para criar uma casa calma e atraente. Contanto que tenha discernimento na escolha de amigos e companheiros, poderá ter muito sucesso na vida. Tem um bom coração e tende a dar muito de si mesmo aos outros. É detentora de grande adaptabilidade, mas isso não significa que precisa se adaptar e se conformar.

Com a Lua em Câncer essa nativa em Gêmeos adora estar perto de pessoas, mas até conhecer bem alguém, não se abre nem compartilha nada importante. Ela pode ser tão charmosa que as pessoas não percebem que são mantidas a uma distância de três metros até que possam se aproximar. Provavelmente é melhor assim, porque, uma vez que a confiança é quebrada ou ela se machuca, é difícil seguir em frente. Essa geminiana é uma grande protetora, portanto, se alguém que ela gosta for ferido, tudo o que puder ser feito para remediar a situação será tentado. Ela quer nutrir o mundo. Isto pode ser através das artes ou da literatura, através de grupos informais e formais, sendo uma mentora ou professora, ou pelo profundo poder da amizade.

Como todas as Luas aquáticas, a Lua em Câncer dá à aura uma atração magnética que deseja se fundir com tudo o que está próximo. Imagine duas gotas de água se aproximando até quase não se tocarem e como elas se juntam para se tornarem uma gota maior. A aura de uma pessoa com Lua em Câncer tem maior probabilidade de reter os padrões e energias que toca. Isso pode ser uma coisa boa ou um problema dependendo do que é absorvido. Além de ser importante mesmo quando se faz trabalho solo. O último feitiço ou ritual que você fez pode ficar preso na sua cabeça como uma música repetida, então, limpe-o totalmente. Essa combinação geralmente vem com um dom para mudança de forma e magia furtiva.

♌

Lua em Leão

O impetuoso Leão aguça e anima o Ar de Gêmeos. Essa nativa sabe o que é importante e deve prosseguir com os grandes projetos que tem em mente. O desafio vem de ter uma natureza dupla que é em parte empreendedora e pioneira e em parte simples e despreocupada. Quando ambas as partes estão bem equilibradas, o entusiasmo dessa geminiana atrai até ela as pessoas e situações que precisa. É um trabalho que alimentará sua alma. Quando exausta, essa combinação pode levar a explosões que podem criar muito drama. A mídia social é realmente sua amiga? Seu leão aparece para rugir, mas isso não dura muito. A geminiana pode superar logo isso, mas deve dar um tempo para que os outros se acalmem. Seu lado divertido e positivo surge para consertar conexões rapidamente. Orgulho; todos precisam da quantidade certa e essa nativa tem mais do que a sua parte, o que pode levar a conflitos que duram quando para de ouvir.

Extremamente independente, a nativa de Gêmeos com a Lua em Leão vê as regras como sugestões a serem seguidas quando lhe convier. Quando explica o raciocínio por trás de suas escolhas e ações, ocorrem menos atritos. Isso tudo não é imediatamente óbvio, porque a geminiana pode ser muito dispersa, porém profundamente leal. Essa combinação tende a trazer uma geminiana altamente romântica e idealista, normalmente em relação às pessoas, mas para alguns, essa energia é direcionada mais intensamente para as artes e a mídia. Aqueles que estão perto dessas nativas precisam ser independentes e autossuficientes, porque elas precisam de espaço para respirar para serem elas mesmas. Quando jovem, podem ficar inquietas e inseguras ao escolher um rumo e nele perseverar. O ideal é pedir ativamente pistas e orientação ao Universo, em vez de usar tentativa e erro e suposições fundamentadas.

A Lua em Leão, como todas as Luas do elemento Fogo, estende-se facilmente para se conectar com a energia de outros seres, embora um pouco menos do que Áries e Sagitário. As qualidades ígneas agem para limpar e proteger sua aura de acumular detritos emocionais de outras pessoas ou de ser influenciada pelo ambiente. É relativamente fácil para essa nativa misturar sua energia com a de outras pessoas e separá-la de forma clara. A influência da Lua em Leão torna ainda mais fácil encontrar o centro e permanecer centrada. Sua magia é adequada para limpar e curar outras pessoas. Essa geminiana também pode atuar como catalisadora que desperta a magia nas pessoas ao seu redor quando alcança sua energia. Ela pode despertar involuntariamente fantasmas e memórias que dormem em edifícios ou em outros lugares.

♍

Lua em Virgem

Aqui Gêmeos recebe uma segunda porção da energia de Mercúrio, porque Virgem também é governado por Mercúrio. Virgem é uma energia Mutável, então Gêmeos também recebe uma dose dupla disso. A natureza terrena de Virgem porém faz com que essa nativa pareça menos com uma geminiana. Essa combinação deixa a geminiana mais focada nos detalhes, ela é metódica e fundamenta sua intuição em fatos, o que a torna mais valiosa. Ela precisa cultivar hábitos de trabalho estruturados para realizar tudo o que deseja. Com ar de sofisticação casual, essa combinação tende a deixar a maioria das pessoas à vontade. Os conselhos e a ajuda vindos disso são muito úteis, mas é bom ficar de olho em quem os recebe. Suas palavras, benéficas e precisas, podem parecer críticas contundentes. Seu domínio da linguagem e seus instintos para reformular ou redirecionar as respostas podem ser usados de forma que acabam sendo produtivos. Essa combinação investe em ajudar as pessoas a terem vidas produtivas e saudáveis.

Ao se deparar com uma pergunta ou um mistério, o primeiro instinto da geminiana é procurar fatos. Isto é especialmente verdadeiro se ela tiver tarefas menos interessantes em sua lista. A nativa de Gêmeos com a Lua em Virgem trabalha duro, mas pode parecer que procrastina, porque nem sempre completa sua lista de tarefas em ordem de prioridade. É aconselhável que ela se proteja contra isso o máximo que puder e seja gentil consigo mesma enquanto se arrasta de volta aos trilhos. A compaixão por si mesma é necessária para sua saúde física e mental. Saúde e práticas saudáveis são tópicos importantes para essa combinação. Lembre-se de sua natureza dupla como geminiana e de que saúde é uma questão de equilíbrio quando a Lua em Virgem exige perfeição. Ser humano não é sinal de inadequação. Essas geminianas são boas ouvintes, portanto, quando uma situação não estiver clara, o ideal é diminuir o ritmo, coletar mais informações e pensar no contexto e nas possíveis repercussões.

A Lua em Virgem, como todas as Luas do elemento Terra, gera uma aura que é magnética e atrai energia interior. Essa Lua também facilita a criação de formas de pensamento fortes e geradoras de energia. O escudo é forte, mas se violado, tende a manter o padrão de estar ferido. Obter alguma ajuda de cura ou recuperação pode demorar mais do que deveria. Feitiços e trabalhos relacionados a juramentos, promessas, obrigações e acordos são auxiliados por esta Lua. A magia de cura para a saúde do meio ambiente também é favorecida.

♎

Lua em Libra

A Lua em Libra incentiva a geminiana a se dar bem com os outros, a se adaptar às circunstâncias e a usar o que lhe foi dado. A nativa em Gêmeos com Lua em Libra é boa para atrair amigos e companheiros poderosos, porque as pessoas podem sentir seu otimismo e amor pela harmonia. Apesar de viver em tempos difíceis, geralmente consegue encontrar uma maneira de sobreviver e aproveitar a vida. Essa graça tem uma desvantagem: às vezes ela se afasta de oportunidades que serão desafiadoras e exigirão algum conflito. Mesmo sendo uma boa mediadora e porta-voz de causas e questões importantes, essa geminiana deve estar disposta a entrar na turbulência. Ela ama o poder da fantasia e da imaginação, e ir para dentro pode ser um ótimo lugar de descanso, mas poderá desaparecer se permanecer lá. Sua natureza de Gêmeos precisa de contato com pessoas e lugares para permanecer vital e próspera. Quanto mais explorar, mais viva ela se sentirá.

Embora seja atenciosa e receptiva com seus amigos e parceiros, ela não tolera ser ignorada, subestimada ou humilhada e pode continuar procurando até encontrar as pessoas certas. Além disso, acha difícil saber se alguém está flertando com ela. Faça perguntas diretas; isso economiza tempo. Essa geminiana é tolerante e tem a mente aberta em relação à maioria das coisas, desde que a sua felicidade e a de seus entes queridos não estejam em risco. Ela sabe escolher quais batalhas enfrentará e quais serão um desperdício de suas palavras bem escolhidas. Ela é boa em detectar tendências na cultura pop, na sociedade, nos negócios e em praticamente qualquer coisa relacionada a grupos de pessoas. Isso pode ser apenas um assunto para uma conversa ou parte do seu sustento. Inerentemente, ela é membro de muitas comunidades, porque é uma mistura complexa de identidades. Isso pode ser um grande benefício se usado com consciência e sutileza.

A Lua em Libra, como todas as Luas de Ar, torna mais fácil o envolvimento nas viagens da alma e no psiquismo e dá maior flexibilidade à aura. Se fizer um bom trabalho com sua Lua em Libra, a geminiana poderá se tornar um canal neutro e claro para informações de espíritos e outras entidades. Podendo sintonizar pedidos tácitos ao realizar trabalhos divinatórios. Essa Lua também ajuda a amenizar situações amargas, trazer paz, curar emoções e encorajar o desenvolvimento pessoal. Vênus é o planeta regente de Libra, o que favorece seu dom para a magia do amor, da beleza e da autoestima.

♏

Lua em Escorpião

A Lua em Escorpião derrama uma enorme quantidade de emoção na mente de Gêmeos. A geminiana está sempre alerta e examinando o ambiente, e a Lua em Escorpião faz ela parecer mais profunda e aberta. Com uma imaginação incrível, que pode lhe servir bem ou criar muito drama, essa geminiana pode ampliar ou distorcer aquilo que percebe. Ela também capta as emoções de outras pessoas, o que é um presente e um desafio. Ao contrário da maioria dos geminianos, essa tende a se apegar a pensamentos e sentimentos e a reproduzi-los repetidamente em sua mente. Práticas para liberá-los e relaxar são importantes para sua saúde e felicidade. A Lua em Escorpião pode lhe dar mais determinação, e isso significa que quando ela se compromete, está totalmente envolvida. Como a maioria das geminianas, essa parece tranquila, mas quando necessário, é inabalável e audaciosa.

Quando se interessa por alguém, pode ser extremamente intensa. Mas deve acelerar lentamente para não assustar as pessoas. Geminianas com a Lua em Escorpião devem resistir à vontade de fugir quando as pessoas disserem que têm sentimentos profundos por elas. Esta mistura de Sol e Lua também torna mais fácil perceber a escuridão e a turbulência dentro de si mesma e no mundo. Essa nativa pode oscilar entre ser excessivamente orgulhosa e sua pior crítica. O meio entre os dois é a verdade pessoal que ela procura. O ideal é interromper o ciclo ouvindo seu instinto, pensando bem e buscando a atenção de alguém em quem confia e admira. Criativas e empreendedoras, tendem a precisar de alguma ajuda para seguir e cumprir com seus planos e prazos. A Lua em Escorpião lhe dá um ar de mistério e encantamento e um profundo amor aos seus segredos. As pessoas adoram contar seus segredos para essa geminiana; esta é uma confiança sagrada. O quão bem ela guarda esses segredos é o quão bem se sentirá consigo mesma.

A Lua em Escorpião, como todas as Luas de Água, dá à aura uma atração magnética que deseja se fundir com tudo o que está próximo. Essa combinação com Gêmeos absorve facilmente as informações sobre outras pessoas, espíritos, lugares e assim por diante. Seu caminho para a purificação é sentir as coisas plenamente para que possa liberá-las totalmente. Suas palavras ou pensamentos podem se transformar em magia quando está emocionada, então deve tomar cuidado. Seu dom em trabalhar com sigilos, escrever e realizar encantamentos e invocações é perceptível. A mediunidade é uma opção, mas ter guias espirituais ou guardas humanos enquanto faz o trabalho é necessário.

♐

Lua em Sagitário

Com o Sol oposto a esta Lua, essa combinação de Ar e Fogo pode ser superestimulante – embora seja reconhecidamente muito divertida. Essa nativa está sempre em movimento mental ou fisicamente e tem interesses suficientes para mantê-la ocupada por várias vidas. Pau para toda obra e mestre em algumas coisas, o quanto ela domina é determinado pela quantidade de autodisciplina que adquire. Se algo é romântico, sobrenatural, exótico ou estranho, tem todo o seu interesse. Enquanto esse interesse durar, ele brilhará no centro da sua atenção, mas não por muito tempo. Essas geminianas tendem ao otimismo e a ver o copo meio cheio. Porém, quando as coisas estiverem realmente uma bagunça, contará sua história como se fosse uma saga épica. Seu amor por ser um espírito livre e sua natureza revolucionária sempre a levam a explorar as periferias. Ela sabe como se camuflar para parecer normal, profissional – tudo o que for necessário para passar pela porta, mas é uma atuação.

Sua exuberância e inspiração muitas vezes a colocam no centro das atenções. É importante estar atenta e atenciosa com o que diz e com o que promete que vai fazer. Sua reputação geralmente é moldada por aquilo que disse em um momento de paixão. Nem sempre é divertido, mas essa geminiana sabe como lidar com uma multidão. Prefere a franqueza e costuma dizer exatamente o que quer dizer, sem filtro. Isso lhe rende elogios e problemas, dependendo da situação. Quando não dá certo, é só lembrar de que tem o humor e a língua de prata ao seu lado. No final, até mesmo seus adversários provavelmente admitirão que ela possui características admiráveis.

As auras das pessoas com Lua em Sagitário são as mais adaptáveis das Luas de Fogo. Sua energia pode chegar longe e mudar de forma facilmente. São particularmente boas em afetar a energia de outras pessoas ou a energia de um lugar. Tal como as outras Luas de Fogo, a sua aura é boa e fácil de limpar, mas não é automática, requer uma escolha consciente. Isso ocorre porque o Fogo de Sagitário é Mutável e pode passar de uma pequena brasa a uma coluna de fogo que atinge o céu. Essa geminiana pode ter um tipo ou estilo favorito de Bruxaria ou Magia, mas no fundo é generalista, podendo se encaixar tão bem em uma ampla gama de tradições e rituais que pode ser confundida com um membro quando é convidada.

♑

Lua em Capricórnio

A mentalidade rápida e a natureza curiosa de Gêmeos recebem estrutura e direção da Terra Cardinal de Capricórnio. Séria e motivada, essa geminiana tende a surpreender as pessoas por também ser espirituosa e divertida, podendo passar da criatividade associativa livre à análise passo a passo sem nenhum esforço. A Lua em Capricórnio pode enganar algumas pessoas fazendo-as pensar que a nativa em Gêmeos é mais convencional do que realmente é. Esta Lua a torna mais competitiva, e seu Sol em Gêmeos é ambivalente quanto à sua necessidade de sucesso. Não é razoável nem possível ser boa em tudo, então ela não deve se sentir mal quando não for a melhor. É louvável ter padrões elevados e tentar alcançá-los. Isso realmente é suficiente. Seu senso de honra e dignidade é forte, se não tentar educar os ignorantes, conseguirá ficar longe de espetáculos que não servem para nada. Há algo político em quase tudo que essa geminiana diz ou faz.

Por político, quero dizer que suas ações têm como objetivo influenciar as perspectivas e ações de outras pessoas. Alguns podem pensar que essa nativa está socializando, mas ela está sempre trabalhando para levar o mundo na direção que deseja.

Suas habilidades de comunicação e senso de propósito a tornam influente. Sua infância pode não ter sido das mais fáceis. Essa é toda a motivação que uma geminiana precisa para fazer o que puder para melhorar as coisas. Seus princípios e as pessoas em quem confia a manterão fundamentada e conectada às suas esperanças. O ego é um problema com esta combinação de Sol e Lua. Há uma tendência de pensar muito bem de si mesma, e então os acontecimentos provocam o contrário e ela acaba pensando muito pouco em si mesma. O ideal é fazer um balanço dos fatos e avaliar quem é e quem deseja ser para poder planejar, mas não julgar. Mesmo sendo carinhosa e atenciosa, muitas vezes é preciso agendar um horário para que haja oportunidades de demonstrar isso.

A Lua em Capricórnio, como todas as Luas do elemento Terra, gera uma aura que é magnética e atrai energia para dentro. O que é atraído para si mesma tende a grudar e se solidificar, portanto, essa nativa deve ter cuidado, especialmente ao realizar trabalhos de cura ou limpeza. A magia da Lua em Capricórnio é excelente para impor um padrão ou criar um recipiente em um trabalho. Seus feitiços e funcionamentos tendem a ser duráveis. A geminiana com essa Lua tem talento para magia protetora, banimentos e quebra de maldições. Viajar no tempo – viagem espiritual no tempo – é algo que se pode querer tentar.

Lua em Aquário

Com o Sol e a Lua em signos de Ar, essa geminiana tende a liderar com a cabeça e não com o coração. Mas ela não deve se enganar, pois mesmo vista como alguém amigável e interessante, evita deixar suas emoções ficarem muito intensas. No entanto, quando fala sobre questões, causas e interesses, parece mais apaixonada do que quando fala sobre pessoas e assuntos pessoais. Vanguardista e experimental, essa nativa não vê necessidade de seguir as normas, a menos que veja um motivo que lhe agrada. Isso também se estende ao seu senso de como deveriam ser amizades e relacionamentos. Para evitar desconforto ou desgosto desnecessários, deve ser muito clara e precisa ao compartilhar seus pensamentos para que todos estejam na mesma página. Lealdade e conexão são importantes para ela, mas liberdade e opções têm voz igual em suas escolhas.

Essa combinação permite que a geminiana veja muitos ângulos e perspectivas diferentes ao mesmo tempo, de modo que muitas vezes nota detalhes e tendências que outros não percebem. Ela pode estar apenas um passo à frente no tempo do que outros e deve aproveitar as oportunidades que essa informação cria. Saber é bom, mas fazer é melhor. Encontrar motivação para se envolver e cumprir seus objetivos exige que olhe para dentro. A geminiana passa tanto tempo observando os outros e o que está ao seu redor que negligencia o exame de si mesma. Embora seja tolerante e de mente aberta como regra geral e sociável, ela tende a se aproximar apenas de pessoas que compartilham uma boa parte de seus valores fundamentais. Pode não ser a primeira coisa que vem à mente de uma pessoa de Gêmeos com essa Lua, mas relaxar e desacelerar para aproveitar a vida pode recarregá-la para que possa fazer todo o resto. Nativas de Gêmeos com a Lua em Aquário têm mais dificuldade em compreender as emoções mais fortes das outras pessoas. Quando estiver relaxada e sem pressa, o ideal é prestar atenção nas outras pessoas para melhorar a leitura de suas emoções.

Como todas as Luas de Ar, a Lua em Aquário incentiva uma aura altamente móvel e flexível. Se você tem uma Lua de Ar, então o aterramento é importante, mas focar no seu núcleo e centro é mais importante ainda. A partir desse centro poderá fortalecer e estabilizar seu poder. Pessoas com Lua em Aquário são boas em moldar e manter uma forma-pensamento ou padrão de energia específico e transferi-los para outras pessoas ou objetos. Elas têm habilidade em adivinhação para grupos, sejam eles Covens, empresas, nações ou circunstâncias que afetam a muitos. Além de um dom para encantar objetos.

♓

Lua em Peixes

Os gêmeos de Gêmeos nadam com os dois peixes de Peixes, e as linhas entre essa geminiana e o que está fora dela tornam-se fluidas e confusas. Essas nativas podem ser dominadas por ondas de emoção vindas de outras pessoas. Elas sentem compaixão e fazem todos os esforços para oferecer gentileza e consideração. Essa mistura lhes dá grande intuição, psiquismo e palavras, além de imagens para descrever o que recebem. No entanto, essa combinação também torna mais difícil manter bons limites. Quanto mais aprende sobre si mesma, mais fácil se torna traçar a linha entre o que é seu e o que não é. Isso não a tornará fria ou cruel, mas, sim, mais capaz de ajudar a si mesma e aos outros. Muitas de suas dúvidas e crises de indecisão diminuirão à medida que compreender a si mesma e suas aspirações. Essa geminiana também se torna mais autêntica e permite que os outros saibam o que realmente sente e pensa.

Sua imaginação e criatividade abrirão caminho para muitas opções de carreira. Isso não significa necessariamente as artes, mas sua originalidade será a chave para o sucesso. Por exemplo, as nativas em Gêmeos com essa Lua podem encontrar diversas maneiras de descrever ou explicar algo, o que é útil no ensino, na negociação e assim por diante. Elas exalam um ar acolhedor e tem um senso de humor cativante e caprichoso que ajudará tanto no seu trabalho quanto na sua vida doméstica. Só devem ter cuidado para que sua imaginação não leve a fantasias que a impeçam de viver aqui e agora. A dose dupla de energia Mutável significa que, a menos que opte por permanecer aterrada e ancorada, fará escolhas erradas com base em impressões e não em fatos.

Com a Lua em Peixes, a ênfase deve estar em aprender a sentir e controlar o ritmo do movimento energético da sua aura. As auras dos signos da Lua de Água são flexíveis, coesas e magnéticas, por isso tendem a ondular e balançar como ondas. A Lua em Peixes tem maior probabilidade de captar e se apegar a emoções ou energias indesejadas. Ondular sua energia e ricochetear nas camadas externas de sua aura é uma boa defesa. O ideal é ter cuidado, desenvolver boas práticas de proteção e fazer de sua limpeza e de sua casa uma prática regular. Práticas que envolvem entrar em transe são fáceis para essa geminiana, mas certifique-se de ter um ajudante. Sua narrativa também é uma forma de magia.

CORRESPONDÊNCIAS DO TARÔ

Ivo Dominguez, Jr.

♊

As cartas de Tarô podem ser utilizadas pela Bruxa de Gêmeos para muito mais do que apenas adivinhação. Essas cartas podem servir como pontos focais em meditações e transes, permitindo que você se conecte com a energia do seu signo ou elemento e compreenda-os de maneira mais completa. As cartas ficam ótimas em seu altar, servindo como uma âncora para os poderes que estiver invocando. Você pode utilizar as cartas dos Arcanos Menores para acessar a energia de Júpiter, Marte ou do Sol na energia de Gêmeos, mesmo quando estão posicionados em outros signos nos céus. Se você tirar uma foto de uma carta de Tarô, reduzir a imagem e imprimi-la; poderá dobrá-la e colocá-la em sacos de feitiços ou em jarros como referência.

Arcano Maior de Gêmeos

Os Enamorados

Todos os Signos de Ar

Ás de Espadas

Arcano Menor de Gêmeos

8 de Espadas	Júpiter em Gêmeos
9 de Espadas	Marte em Gêmeos
10 de Espadas	Sol em Gêmeos

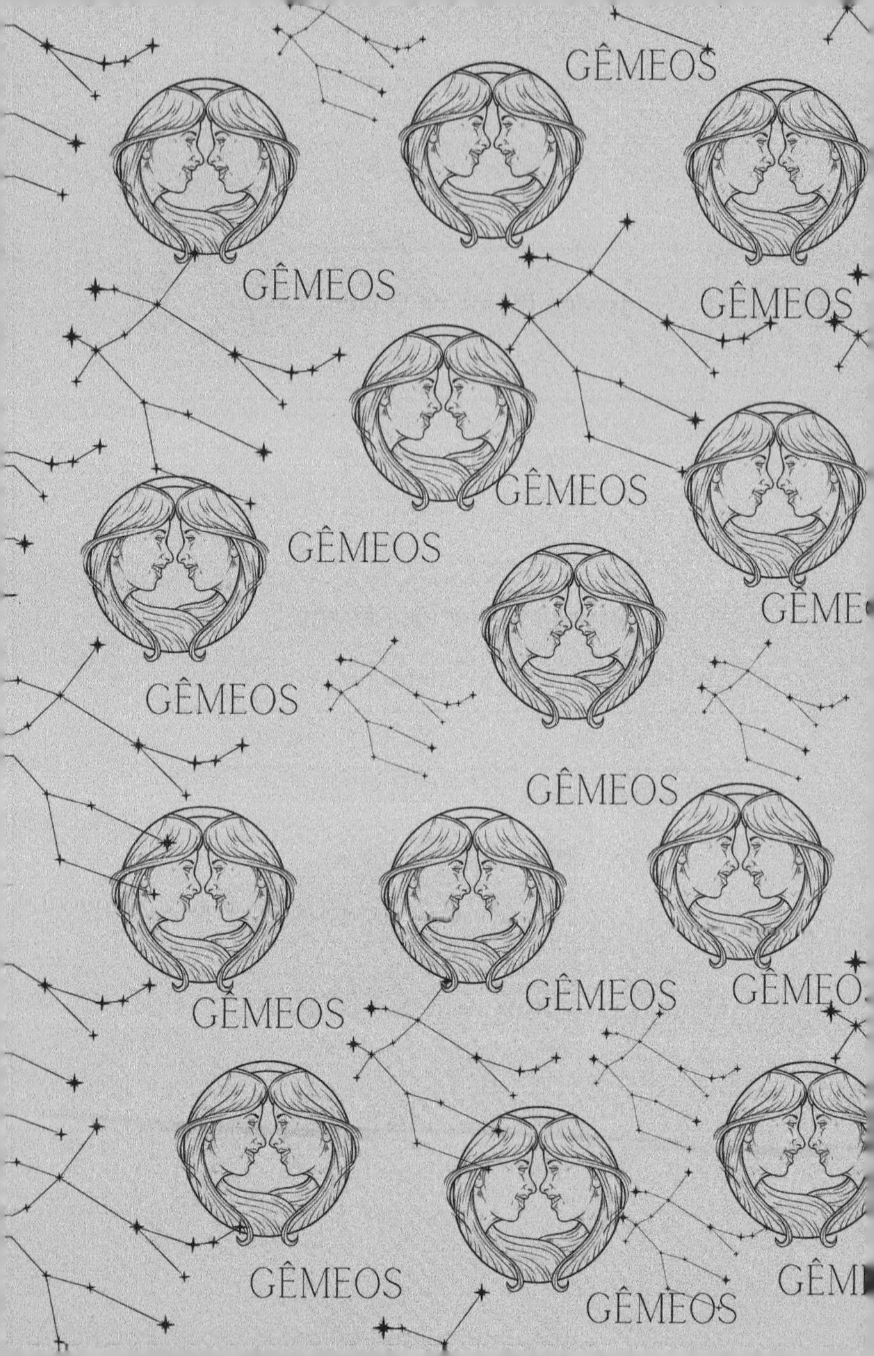
GÊMEOS
GÊMEOS
GÊMEOS
GÊMEOS
GÊMEOS
GÊMEOS
GÊMEOS
GÊMEOS
GÊMEOS
GÊMEOS
GÊMEOS

MEU MELHOR MOMENTO COMO UMA BRUXA DE GÊMEOS

Laura Tempest Zakroff

Como alguém que é artista, escritora, *performer*, professora e organizadora de eventos (entre outras coisas), tendo a ter muitos "momentos" de Bruxa de Gêmeos que são bastante exagerados. São ocasiões ou coisas que parecem normais para mim no momento, mas não para todos que estão assistindo ao programa. Vai dizer que outras pessoas não desempenham seis ou oito papéis ao mesmo tempo?

Essa é uma situação frequente, porque nunca consigo fazer apenas uma única coisa. Misture meu ascendente em Câncer e Lua em Virgem e você terá a receita para alguém que adora criar e gerir uma comunidade, ao mesmo tempo que tem dificuldade em delegar autoridade porque as coisas precisam ser feitas de uma determinada maneira. Embora eu definitivamente tenha melhorado ao longo dos anos, muitas vezes me canso muito tentando fazer demais. Tenho tendência a esquecer que sou apenas uma pessoa.

Um exemplo disso é um dos muitos festivais que organizei. Waking Persephone é um evento que realizo desde 2012. Tal como acontece com todos os meus eventos, vi certas necessidades na minha comunidade que me senti atraída a abordar, por isso comecei a organizar um novo evento como uma pipa num furacão. De 2008 a 2010, coproduzi um evento chamado Gothla US, que se concentrava na celebração da dança do ventre de fusão dark/gótica e artes relacionadas. O evento deveria se alternar nas Costas anualmente, mas acabou acontecendo todos os anos no Sul da Califórnia por causa dos outros produtores. Na época, eu morava na Costa Leste, o que significava que a maioria dos meus alunos e da comunidade local não puderam comparecer. Não fazia sentido, para mim, dedicar tanto trabalho a um evento do qual poucos locais poderiam se beneficiar. Eu também já estava cuidando de tantas coisas para aquele evento (site, fornecedores, eventos rituais, inscrições, design gráfico, etc.) que sabia que poderia produzir com sucesso meus próprios eventos no meu próprio quintal. Então foi assim que Waking Persephone nasceu.

Embora o slogan do evento tenha mudado ao longo dos anos de "Dancing Through/Exploring the Dark and Unusual" (Dançando Através de/Explorando a Escuridão e o Incomum) para "*A Celebration of the Queer and Magical*" (Uma Celebração do *Queer* e da Magia), muitos dos objetivos permaneceram os mesmos. Esses objetivos incluem apresentar vozes estabelecidas e emergentes, criar um lar para nós, pessoas estranhas, nos sentirmos confortáveis e oferecer uma plataforma para novos projetos e ideias muitas vezes rejeitadas por outros eventos mais tradicionais. O Waking Persephone aconteceu em Providence, RI, Seattle, WA, e on-line durante a pandemia. Em diferentes partes da sua apresentação, durou quatro dias e noites e envolveu centenas de pessoas de todo o mundo, artistas, dançarinos, músicos, poetas, estudantes, professores e o público em geral.

No primeiro ano, cuidei de praticamente tudo sozinha, do início ao fim. Para começar, isso significava encontrar e reservar um local; postar uma publicação para inscrições de professores e artistas; contratação de duas bandas ao vivo; criação e manutenção do site, bem como cartões postais, pôsteres, produtos e outros materiais promocionais; elaborar a programação e a escalação de gala; selecionar e posicionar fornecedores; venda e rastreamento de ingressos para o evento e coordenação de voluntários. Também recebi vários artistas em minha própria casa e peguei pessoas no aeroporto. Além disso, ministrei duas oficinas, fiz uma apresentação solo com uma banda e outra com meus alunos, conduzi o pessoal no ritual comunitário de início do evento e coordenei uma festa após o jantar. Fiz tudo isso enquanto me divorciava, trabalhava como designer em tempo integral e planejava uma mudança para outro país. Provavelmente deixei de fora cerca de meia dúzia de outras tarefas que consegui incluir, porque era assim que eu fazia naquela época.

Agora sei que não era saudável assumir tantas responsabilidades, mas naquela altura não conseguia ver outra forma de fazer com que isso acontecesse – especialmente com a visão que tinha em mente. É claro que eu tinha que fazer todas as coisas – de que outra forma isso aconteceria?! Foi então que a magia entrou em ação para manifestar o evento e, com aproximadamente seis meses para realizar tudo, comecei a trabalhar. Criar algo do nada é realmente uma das coisas que faço melhor. Quando assumo coisas assim, não pergunto: "Isso vai acontecer?", eu me concentro em como isso vai acontecer. Para não me sentir sobrecarregada com a produção de um evento tão grande, concentrei-me em uma ou duas tarefas por vez. Cada parte era uma peça de quebra-cabeça e eu vibrava enquanto ficava perplexa sobre como cada coisa funcionava. Eventualmente, quando voltava para um problema, muitas vezes eu tinha uma nova maneira de ver uma solução. Cada etapa uniu um pouco mais o evento. Subiram cartazes e anúncios nos jornais locais, postagens nas redes sociais foram compartilhadas, perguntas foram respondidas, horários foram coordenados e escalações foram elaboradas.

Finalmente chegou a hora do evento. As pessoas estavam chegando! Organizei e dirigi o espaço, recebi pessoas em rituais, ensinei, atuei, vendi, apresentei e apaguei incêndios. Eu pastoreei um monte de gatos. Não comi nem dormi muito enquanto o evento acontecia, mas consegui fazer acontecer e sobreviver. Felizmente, outras pessoas foram apanhadas pelo turbilhão do momento e interviram quando puderam para ajudar. No final, o primeiro evento foi um sucesso e as pessoas me imploraram para fazê-lo novamente – enquanto eu estava adormecendo no jantar, pós-evento! E embora alguns possam questionar minha sanidade, concordei que isso deveria acontecer novamente.

Felizmente, essas pessoas também reconheceram todo o trabalho que eu estava fazendo e se dispuseram a ajudar antecipadamente, o que facilitou os sucessivos eventos à medida que aprendi a delegar autoridade e distribuir tarefas. Designei outra pessoa para coordenar os voluntários, outra para cuidar dos vendedores, outra pessoa para organizar alojamento e passeios para os artistas visitantes, e assim por diante. Cada um retirou uma tarefa das minhas costas e as colocou sobre outros ombros competentes. O que ainda era assustador quando eu estava acostumada a fazer tudo e temia que não fosse feito direito. Mas tive que me lembrar, só porque meu signo é de pessoas múltiplas, não significa que posso me dividir em duas (ou mais).

Há outra dualidade que está presente na casa do leme de Gêmeos. Quando se trata de produzir um evento, existem essencialmente dois momentos principais: o tempo todo planejando o evento com antecedência e, depois, o evento conforme ele vai acontecendo. Você pode planejar tudo o que quiser com detalhes cuidadosos e calculados (o que deveria ser feito!), mas sempre haverá uma surpresa ou desafio que não esperava. Ficamos melhor em antecipar possíveis problemas com cada evento sucessivo. Mas sempre há algo inesperado para lidar. Atrasos em voos, trânsito, perda temporária de instrumentos, mau tempo, doenças, cancelamentos de última hora, vendedores que não leem e-mails, dançarinos que não prepararam suas músicas adequadamente ou que representam risco de incêndio no palco, problemas no sistema de som, locais parcialmente em construção que deveriam ter sido concluídos semanas atrás, deixando pregos e detritos nos pisos onde as aulas de movimento aconteceriam – toda e qualquer uma dessas coisas pode e já aconteceu. O truque é manter a calma e aproveitar a energia do momento. Porque uma vez que um evento está em andamento, ele se torna essencialmente um rolo compressor. O evento ganha vida própria e você precisa acompanhá-lo de qualquer maneira. Você está montando o dragão e consegue ver isso até o fim, o que traz uma mistura de alegria e resolução pacífica.

Já se passaram mais de dez anos desde a primeira maratona de Waking Persephone e diminuí o ritmo de várias maneiras. O que não é uma coisa ruim – na verdade é uma coisa muito boa! Aprendi a não acumular tanto nos meus ombros, a colaborar com outras pessoas que pensam como eu para assumir as tarefas e elaborar eventos juntos e honrar minha própria saúde, bem-estar emocional e mental e limites. Por sua vez, acho que os eventos que faço são melhores em muitos aspectos, e posso aproveitá-los um pouco mais. Ainda consigo me intrometer um pouco, mas é muito mais administrável. A questão é que adoro criar essas experiências para outras pessoas. Adoro ver tantas pessoas lindas, diversas e envolventes reunidas em um só lugar. Adoro criar oportunidades para que outras pessoas compartilhem o que fazem de melhor – seja uma arte, uma dança, uma música, uma história ou algum outro talento. Deleito-me em oferecer um ambiente para a educação que é difícil de encontrar em qualquer outro lugar. Eu me esforço para tornar meus eventos o mais acessíveis possível, seja em termos de capacidade ou de orçamento – um desafio definitivo, mas tão importante e necessário de reconhecer. Gosto de criar espaços que sejam oportunidades para outras pessoas interagirem, compartilharem e encontrarem outros seres com ideias semelhantes.

O truque, aprendi, é encontrar um equilíbrio na forma como abordo os eventos mental, emocional e fisicamente. Claro, posso fazer coisas incríveis acontecerem praticamente do nada, mas o trabalho precisa ser sustentável não apenas para a comunidade, mas também para o meu próprio bem-estar durante toda a jornada do evento, do início ao fim.

OS DOIS LADOS DA MOEDA: FEITIÇO PARA VER A VERDADE COMPLETA

Por Christopher Allaun

Às vezes, nós, geminianos, temos uma má reputação. Pessoas que não conhecem a personalidade de Gêmeos nos veem mudando de um ponto de vista para outro, sempre mudando de ideia por capricho. O zodíaco entrelaçado é frequentemente chamado de "duas caras", porque alguns parecem pensar que não conseguimos tomar uma decisão ou, na pior das hipóteses, não temos convicção em nossos julgamentos. Isto está longe de ser verdade. A beleza da mente de Gêmeos é que temos uma capacidade incrível de ver "os dois lados da moeda". Sempre que duas pessoas discordam, instintivamente damos um passo para trás e tentamos ver os dois pontos de vista. Costuma-se dizer que existe o seu ponto de vista, o meu ponto de vista e a verdade. Portanto, nós, geminianos, tentamos ao máximo ver a verdade em sua totalidade.

Você já teve a sensação de que só está ouvindo parte da verdade? Ou há algo que alguém não está lhe contando? Para este feitiço, iremos conjurar as energias de Gêmeos para que possamos ver *toda* a verdade. Para fazer este feitiço, você deve se colocar em um estado de espírito pronto para saber a verdade. Devemos suspender temporariamente nossos julgamentos e noções pré-concebidas sobre o assunto e estar prontos para receber toda a verdade, seja ela qual for. Este feitiço pode se manifestar imediatamente ou levar vários dias. A verdade sempre chega quando você está pronto para ouvi-la.

Você vai precisar de:

- Ágata azul rendada
- Cristal de quartzo
- Duas moedas de 25 centavos
- Duas velas brancas
- Hortelã-pimenta e lavanda, secas ou frescas
- Um grande espelho de mão ou superfície reflexiva (uma folha de papel alumínio funcionará bem)

Instruções:

Coloque seu espelho, superfície reflexiva ou papel alumínio em seu altar ou espaço sagrado. O objetivo é refletir as informações de volta para você. Coloque as velas brancas com cerca de dez centímetros de distância uma da outra no centro da superfície reflexiva. Cada vela representa os dois lados diferentes da verdade.

Agora, coloque a ágata azul rendada e o cristal de quartzo entre as duas velas. A ágata azul rendada convoca as energias da comunicação enquanto o quartzo amplifica essas energias.

Coloque uma moeda voltada para cima ao lado da vela da esquerda e coloque a segunda moeda voltada para baixo ao lado da vela da direita. Os quadrantes ajudarão sua consciência a se conectar com cada ponto de vista da verdade. Pegue um punhado de lavanda e hortelã-pimenta e pense na verdade. Permita-se estar aberto a todas as possibilidades, mesmo que a verdade seja difícil de ouvir. Coloque essas ervas em um círculo ao redor das velas.

Acenda as velas e visualize-se rodeado pela luz branca da verdade. Mais uma vez, esteja aberto à verdade em qualquer forma que ela escolha se manifestar para você. Agora, mantendo a visualização, diga em voz alta: "Vejo os dois lados da mesma moeda. Eu entendo a verdade em sua totalidade. Assim como essas velas iluminam a escuridão, a verdade também ilumina minha mente."

Depois que as velas estiverem queimadas, você pode colocá-las em um sachê ou saco mojo para usar como talismã para invocar a verdade.

A INFLUÊNCIA DO SEU SIGNO ASCENDENTE

Ivo Dominguez, Jr.

Seu signo ascendente, também conhecido como "predominante", é o signo que estava subindo no horizonte leste na época e no local de seu nascimento. No mapa astral, está à esquerda do lado que divide a parte superior e as metades inferiores do mapa na linha horizontal. O signo ascendente também é a cúspide ou sua primeira casa. Costuma-se dizer que o signo ascendente é a máscara que você usa para o mundo, mas é muito mais do que isso. É também o portal através do qual podemos experimentar o mundo. Seu signo ascendente colore e filtra essas experiências. Além disso, quando as pessoas a conhecem pela primeira vez, o que elas encontram é o seu signo ascendente. Isso significa que elas interagem com você com base na percepção desse signo, e não pelo seu signo solar. O que, por sua vez, tem impacto sobre si mesma e na forma como você se vê. Conforme as pessoas vão conhecendo você, com o tempo, elas vão se deparando com o seu signo solar. Seu ascendente seria como as nuvens coloridas escondem o Sol ao amanhecer, conforme ele continua a se elevar, seu brilho é revelado.

O signo ascendente influencia sua aparência física, bem como seu estilo de se vestir. Para alguns graus, sua voz, maneirismos, expressões faciais, postura e modo de andar também são influenciados pelo seu signo ascendente. Os blocos de construção de sua personalidade pública vêm de seu signo ascendente. Como você organiza esses blocos de construção é guiado pelo seu signo solar. Portanto, seu signo solar deve trabalhar com o que lhe foi dado. Para as Bruxas, o signo ascendente mostra algumas das qualidades e fundamentos que dão base a uma personalidade mágica que elas podem construir. A personalidade mágica é muito mais do que simplesmente mudar para o espaço certo, coletar equipamentos rituais, acender velas e etc. É uma construção que é desenvolvida por meio de práticas mágicas e espirituais para servir como uma interface entre diferentes partes do self. Também conhecida como "persona mágica", a personalidade mágica pode atuar como um recipiente ou limite para que cada parte mundana e mágica da vida de uma pessoa possa ter seu próprio espaço. Seu ascendente também dá pistas sobre quais técnicas de magia virão naturalmente para você.

Este capítulo descreve os doze arranjos possíveis de signos ascendentes com um Sol em Gêmeos e o que cada combinação produz. Existem 144 tipos básicos de possibilidades para Gêmeos, levando-se em consideração os signos lunares e ascendentes. Você pode querer reler o capítulo sobre o seu signo lunar depois de ler sobre seu signo ascendente para que possa entender melhor essas influências e como elas se fundem.

♈

Ascendente em Áries

É possível que um geminiano com ascendente em Áries tenha sido o modelo para a criação de Peter Pan. Seu desejo de fazer tudo e ir a qualquer lugar é acelerado e estimulado pelo ascendente Áries. A geminiana com esse ascendente nunca perde a capacidade de ficar animada, entusiasmada e apaixonada do mesmo jeito que um adolescente. Ela adora ser brincalhona e um toque de competição torna tudo mais interessante. Suas reações costumam ser altas e visíveis, então as pessoas costumam notá-la. Devido a isso, muitas vezes se tornam o centro das atenções. A maioria das pessoas com essa combinação se beneficia de práticas físicas bem estruturadas e que se tornam rotina. Não importa se é ioga, tai chi, dança – contanto que pratique. Isso queima o excesso de energia para que possa se concentrar e reduzir a energia nervosa.

Ter os planetas regentes de Mercúrio e Marte ativos em seu mapa significa exalar poder, equilíbrio e travessura.

Mas é bom estar ciente de que nem todo mundo entende que suas brigas verbais e humor físico são considerados diversão inofensiva ou, às vezes, flerte. Essa geminiana se sairá melhor se ler a sala e ajustar a forma como se apresenta. O ideal é ajustar suas configurações internas à idade e ao nível de maturidade adequados às circunstâncias. As pessoas querem gostar dessa nativa de Gêmeos e ela pode recrutar aliados facilmente; eles deixarão passar quando ela falhar, mas não abuse da sorte. A geminiana com ascendente em Áries pode trazer à tona o que há de melhor nos outros quando traz à tona o que há de melhor em si mesma. Como todos nós, sua motivação e determinação irão aumentar e diminuir, mas nunca duvide que sempre retornarão.

Um ascendente em Áries significa que quando você estende a mão para atrair poder, tanto o Ar quanto o Fogo responderão facilmente. Se precisar de outros tipos de energia, precisará ir mais longe, focar mais e ser mais específica em seu pedido. Esta combinação muitas vezes atrai a atenção das *Fae*, então tome cuidado. Feitiços para obter força, confiança ou remoção de obstáculos podem ser seu destaque. Eles podem ser lançados para si mesma ou para outras pessoas.

♉

Ascendente em Touro

A solidez terrena deste ascendente dá à natureza de Gêmeos mais estabilidade, pragmatismo e moderação do que a maioria. O ascendente em Touro concentra e classifica a miríade de interesses e impulsos que a geminiana tem para que possa completá-los completamente e bem. Também é mais provável que diminua seu ritmo o suficiente para cheirar as rosas e desfrutar de todas as delícias sensuais da vida. Sua mente ainda é tão rápida e analítica quanto a de qualquer Gêmeos, mas o ascendente em Touro torna mais provável não deixar escapar sua primeira ideia. Essa geminiana fala depois que tiver analisado todas as possibilidades e estiver pronta para manter sua declaração. Ela não gosta de discussões ou conflitos e se houver muito barulho e turbulência emocional fica distraída ou obstinada. É melhor sair até que as coisas esfriem, em vez de ficar mais enrolada.

Vênus rege Touro, combinado com Mercúrio em Gêmeos, incentiva essa nativa a ser confiável, circunspecta e frugal. Essa combinação exige que a energia de Gêmeos se comporte de maneira a produzir resultados mais duradouros. Esse ascendente a incentiva a olhar para seus valores e seu senso de harmonia para fazer escolhas que alimentem sua vida. O signo ascendente muda a percepção das coisas, combinado com o Sol em Gêmeos, permite ver maneiras criativas de reutilizar, reparar e renovar tudo o que tem diante de si mesma. Essa geminiana odeia ver desperdício.

O ascendente em Touro dá mais força à aura e a capacidade de manter solidez à energia de Gêmeos. Isso lhe dá escudos mais fortes e permite criar formas-pensamento e feitiços que duram mais. Essa combinação também faz da geminiana um canal para ajustar melhor a energia de outras pessoas no trabalho em grupo, porque ela consegue tolerar volumes maiores de diferentes tipos de energia. Essa nativa pode atuar como amplificadora para impulsionar indivíduos ou pequenos grupos a aumentarem suas habilidades mágicas ou psíquicas.

♊

Ascendente em Gêmeos

Gêmeos em dobro amplia todos os traços clássicos do seu signo. Essa geminiana está sempre em busca de novas experiências, novas conversas, novas músicas e estilos que expressem seu humor. Ela gosta de estar na vanguarda, de ser uma das primeiras a adotar tendências, uma exploradora de onde a próxima grande mudança está chegando. Move-se facilmente entre diferentes faixas etárias, origens, culturas e assim por diante. Uma camaleoa sem muito esforço. Só precisa aprender a respirar fundo e a ouvir mais do que fala; certamente perderá menos fazendo isso. Gêmeos com ascendente em Gêmeos tende a ter muitos conhecidos e poucos amigos verdadeiros. O problema é que sua personalidade aberta e interessante dá às pessoas a impressão de que são seus amigos, quando são apenas conhecidos. Bom mesmo é se comunicar com mais cuidado para reduzir os sentimentos feridos.

Geralmente, o que temos aqui é uma pessoa positiva, mas se ficar impedida de comunicar suas ideias por muito tempo, sua frustração pode se transformar em raiva e ações direcionadas a quem estiver mais próximo. Se a sensação de estar sendo obstruída persistir por tempo suficiente, ela transpassará a raiva e assumirá uma determinação insensível de conseguir o que deseja. Essa combinação pode fazer a geminiana passar por cima de ou afastar as pessoas e se arrepender de suas ações quando voltar a si mesma. Antes de bloquear isso, melhor voltar atrás, fazer novos planos, usar sua imaginação incrível para encontrar uma maneira de contornar a situação. Tudo bem pedir ajuda; ela terá toda que precisar.

Esse ascendente ajuda sua energia e aura a se expandirem ainda mais e a se adaptarem a tudo o que tocam. Essa combinação pode servir para a comunicação com animais, plantas, cristais e qualquer coisa com espírito. O excesso de informações coletadas pode ser opressor. Aprender a fechar e controlar sua consciência dos pensamentos e sentimentos de outras pessoas é o melhor caminho. Seu dom pode ajudar ou impedir a tecnologia e isso pode impactar o mundo digital.

♋

Ascendente em Câncer

O ascendente em Câncer deixa a geminiana um pouco mais reservada quando conhece alguém, mas ela se abre rapidamente se essa pessoa for sincera. Como a maioria dos geminianos, essa é observadora e se comunica bem, contudo, o ascendente em Câncer lhe dá mais informações sobre emoções e motivações. Muitas vezes as nativas em Gêmeos com ascendente em Câncer podem descrever o que uma pessoa está sentindo ou desejando melhor do que ela mesma. Essa sensibilidade pode ser aplicada no trabalho como professora, conselheira, tradutora, negociadora e assim por diante. Existem muitas outras maneiras de usar essa habilidade. No entanto, alguns podem ficar nervosos com a sensibilidade dessa combinação e a nativa de Gêmeos pode perceber o desconforto deles e interpretá-los mal. O melhor é permanecer neutra e não tirar conclusões precipitadas sobre o que os outros sentem sobre você. Na maioria das vezes, é sobre a situação e não sobre você.

Ter ascendente em Câncer significa que a pessoa gosta mais de estar em casa do que a média dos geminianos. Essa nativa ainda compartilha a exploração, mas precisa de uma base. Câncer também lhe concede o amor pelo passado e pela história e um toque de sentimentalismo. Há também um impulso para nutrir e preservar mais os seres vivos e os bens materiais que têm valor emocional e memórias associadas a eles. Essas pessoas tendem a se sentirem mais atraídas pelas gerações anteriores ou posteriores à sua. O sol em Gêmeos deseja acelerar rapidamente qualquer atividade. Ouça o seu ascendente em Câncer se aquecendo e comece devagar antes de ir a toda velocidade. Faça isso e evitará erros e irritações.

O ascendente em Câncer concede o poder de usar suas emoções, ou a energia emocional de outras pessoas, para fortalecer seus feitiços. Embora você possa recorrer a uma ampla gama de energias para alimentar sua magia, aumentar o poder por meio da emoção é o método mais simples. Este ascendente produz facilidade e poder em qualquer tipo de magia lunar. Essa geminiana também é boa em carregar óleos, águas e outros líquidos e pode ter vocação para trabalhar com sonhos ou recordar vidas passadas.

♌

Ascendente em Leão

Leão é regido pelo Sol e ilumina o céu de Ar de Gêmeos para lhe dar uma disposição ensolarada e animada. Essa combinação faz a geminiana apreciar ou se interessar por quase tudo que encontra ao seu redor. Ela é boa em fazer as pessoas falarem e está completamente no seu elemento quando lidera discussões ou debates. Articulada, essa nativa pode encontrar a linguagem certa para capturar corações e mentes. Ela almeja compaixão e comportamento honrado em todas as áreas de sua vida. Mas deve tomar cuidado para não prometer a si mesma ou aos outros que realizará coisas demais. Seu entusiasmo muitas vezes excede a quantidade de energia que tem disponível. Leão tem uma postura mais firme do que Gêmeos, o que pode ajudá-la a cumprir as metas que estabeleceu para si mesma. A desvantagem é que, quando frustrado, o ascendente em Leão misturado com os ventos de Gêmeos pode ficar muito tempestuoso.

Essa mistura tem um carisma que pode encher o ambiente. Com suas habilidades de comunicação e seu charme magnético, essa geminiana pode ser muito influente e convincente ao expor suas perspectivas. Mesmo que não esteja oficialmente no comando, ela ocupa um papel de liderança devido à sua personalidade. É destemida na maioria das situações, exceto quando descobre que cometeu um erro ou recebeu informações erradas. Quanto mais aprender a se livrar da agitação que isso provoca, mais tranquila será sua vida.

O ascendente em Leão significa que quando estender a mão para atrair poder, o Fogo responderá primeiro. Se precisar de outros tipos de energia, vai precisar ir mais longe, focar mais e ser mais específica em seu pedido. Sua aura e energia são mais brilhantes e estáveis do que as da maioria das pessoas, então essa geminiana atrai a atenção de espíritos, Divindades e assim por diante. Seu Sol e seu ascendente lhe dão aptidão para a cura energética. Essa combinação também pode controlar facilmente a atmosfera emocional e espiritual de uma sala.

♍

Ascendente em Virgem

Virgem e Gêmeos são regidos por Mercúrio, então sua influência é duplicada. A capacidade de Gêmeos de coletar todas as informações e a atenção de Virgem aos detalhes e à análise cuidadosa podem ser maravilhosas ou assustadoras. Um redemoinho organizacional que varre o mundo! Perspicaz e incisiva em sua compreensão da maioria dos assuntos. No entanto, essa geminiana deve ter cuidado ao usar sua língua afiada e aplicar uma derrubada detalhada em alguém, pois ela subestima facilmente o impacto de suas palavras e opiniões. Essas nativas têm um forte chamado para servir, para trabalhar por um mundo mais saudável. Em sua ansiedade, elas podem negligenciar o descanso e a recreação suficientes. Elas podem se sentir atraídas pelo jornalismo, pela criação de conteúdo, ensino ou qualquer coisa que possa alcançar um grande número de pessoas.

Essa combinação deixa a nativa de Gêmeos mais tímida e exigente do que a maioria dos geminianos quando se trata de amigos e parceiros. Com a vantagem da habilidade de conversação e interação social de Gêmeos, fica mais fácil abrir a própria mente. Mas tem que ser alguém especial para abrir seu coração e mantê-lo aberto. A higiene mental é importante para essa nativa; então, por favor, faça uso de meditação, grupos de discussão ou terapeutas. Não são os anos, é a quilometragem que conta, e essa geminiana está sempre percorrendo essa estrada mental.

Um ascendente em Virgem com Sol em Gêmeos torna mais fácil trabalhar com Deusas e Deuses que estão conectados ao elemento Ar, sabedoria, comunicação e cura. Essa interação é boa em feitiços e rituais para abandonar padrões e hábitos que não servem mais. Como boa diagnosticadora, essa nativa pode descobrir o que há de errado com um ritual, o que está impedindo um fluxo saudável de energia em uma pessoa ou casa, e assim por diante. Mas deve ter cuidado ao entrelaçar sua energia com a de outra pessoa, pois pode captar e reter seus padrões e problemas. Lembre-se de sempre limpar sua energia depois de realizar trabalhos solo ou coletivos.

♎

Ascendente em Libra

Esta combinação tem o dobro de Ar e uma mistura de planetas compatíveis, sendo o regente de Libra, Vênus e o de Gêmeos, Mercúrio. Quando essa geminiana entra na sala, tudo se harmoniza com ela. Há algo em sua aura que é como uma fragrância, uma música ou um sentimento familiar que faz com que as pessoas se abram para ela e se sintam inclinadas a admirá-la. Esse poder deve ser usado para encantar os outros com bondade. Com um grande interesse em harmonia, estética e beleza, isso pode ser associado à sua espiritualidade e à sua magia. Esses interesses também podem levar a carreiras ou vocações. A geminiana deve ser honesta consigo mesma sobre preferir ser uma pedra rolante a uma pedra angular. O talento não está em questão nos seus planos empreendedores; a questão é ter ou não o desejo de concluir eles.

Essa geminiana será encantada, receberá mensagens de texto, e-mails, ligações, será bajulada e espera-se que muitas pessoas desistam de parte de seu tempo e atenção. Para o próprio bem e o bem das pessoas com quem ela realmente deseja passar algum tempo, é melhor não dizer mais nada e simplesmente redesenhar e reforçar seus limites. Não esquecendo de ler as letras miúdas dos acordos escritos, o subtexto das conversas e prestar atenção à sua intuição. Seu ascendente em Libra quer que seja justa e trate a todos igualmente; isso não é verdade para algumas pessoas. Seu Sol em Gêmeos sabe que é necessário guardar as melhores peças para si mesma e seus entes queridos.

Quando expande sua aura, sua energia pessoal pode abrandar uma atmosfera indisciplinada ou prejudicial ou acalmar espíritos irritados. A magia relacionada a trazer paz ou justiça é favorecida por essa combinação. Rituais ou feitiços para consertar amizades e relacionamentos ou melhorar a comunicação são favorecidos. Essa combinação também funciona bem na criação de grades de cristal, altares de trabalho, jardins mágicos ou outras instâncias físicas de beleza e magia.

♏

Ascendente em Escorpião

Essa geminiana examina, cava e dissipa ilusões com seu intelecto penetrante. Quando quer alguma coisa ou sabe algo, ela encontra uma maneira de conseguir o que precisa. Pensar duas vezes, contar até dez antes de falar, perguntar qual impacto suas palavras terão é melhor antes de dizer o que for necessário. O ascendente em Escorpião proporciona emoções poderosas e uma força de vontade ainda mais forte. Quando situações arriscadas e às vezes perigosas se apresentam, Gêmeos entra imediatamente. Se existe um lugar escuro dentro de si mesma, dos outros, do mundo ou dos outros mundos, essa nativa quer conhecê-lo e compreendê-lo. Seu processo de pensamento é complicado, repleto de camadas e tecido com muitos fios de emoção. Embora seja criativa, ela tende mais para a investigação, pesquisa ou especialidades que aproveitem ao máximo sua mente investigativa.

Ser amada e amar em troca é um objetivo que essa geminiana mantém em segredo. Ela irradia sensualidade, o que pode ser um problema ou um presente. Esse ascendente é cauteloso ao compartilhar seu eu profundo, então humor, sarcasmo e cenas quentes serão usadas para manter os outros longe. Lembre-se de que todos cometemos erros e escolha o perdão quando for possível e razoável. Às vezes, a melhor opção é o tempo e a distância. O ascendente em Escorpião pode tornar a geminiana mais reativa a drogas, toxinas e alérgenos, portanto, ela deve tomar cuidado. Dito isto, essa nativa tem poderes regenerativos significativos e pode superar a maioria dos males físicos.

O ascendente em Escorpião torna sua energia capaz de ultrapassar a maioria das barreiras energéticas. Gêmeos pode dissolver a ilusão ou derrubar proteções ou escudos e ver a verdade. O que a leva ter aptidão para quebrar maldições e eliminar atmosferas espirituais opressivas. É importante que faça um trabalho de limpeza regular. Muito provavelmente vai acabar fazendo um trabalho complicado sem ter uma aura antiaderente. Essa combinação é natural em rituais ou trabalhos para explorar vidas passadas, chamar os mortos ou revelar verdades ocultas.

♐

Ascendente em Sagitário

Este ascendente em Sagitário é o oposto do Sol em Gêmeos, o que cria uma polaridade vigorosa. Quando em equilíbrio, traz à tona as melhores características de ambos os signos. Sagitário adora a compreensão, o panorama geral, o otimismo e os planos ambiciosos que apoiam os amplos interesses de um Sol em Gêmeos. Esta mistura de Fogo e Ar com o regente de Sagitário, Júpiter, sendo adicionado à mistura, permite ver oportunidades e opções que outros perderiam. Gêmeos valoriza a fala direta, o que significa que sua franqueza pode levá-la a situações difíceis, mas muitas vezes suavizadas com intenções positivas. Essa geminiana está constantemente procurando melhorar e sabe que o progresso geralmente segue uma linha sinuosa. Suas críticas a si mesma e aos outros tendem a ser construtivas e não destrutivas.

Sagitário adora a liberdade de expressar suas opiniões. Gêmeos adora liberdade para explorar e se comunicar sobre quase tudo. É fácil perceber as boas situações e os dilemas que surgem dessa combinação. Melhor deixar a alegria e a positividade guiar, pois estão sempre por perto. Com o tempo, felizmente, essa geminiana aprende a navegar pelas complexidades das expectativas, configurações sociais, padrões culturais e diferenças políticas para se tornar uma grande embaixadora de qualquer causa ou ideia que lhe interesse.

O ascendente em Sagitário adiciona Fogo Mutável ao Ar Mutável de Gêmeos para que sua aura mude de forma à vontade. O talento no uso de velas, varinhas e cajados é favorecido por esta combinação. Isso ocorre porque é possível direcionar sua energia e intenções para os objetos com facilidade. Essa nativa tem talento para rituais e feitiços que despertam criatividade, sabedoria e liberdade. Atrai facilmente a atenção de espíritos e seres divinos e pode ser uma voz para eles, se desejar. Essa combinação dá acesso a muita energia, mas pode se queimar com a intensidade da corrente. Faça com que seja sua prática parar e se refrescar e depois começar de novo.

♑

Ascendente em Capricórnio

Este signo ascendente e seu Sol são totalmente diferentes, o que cria uma tensão interna que nunca é totalmente resolvida. Esse atrito pode lhe dar determinação e ambição. Faz com que Gêmeos se concentre mais no trabalho e nas realizações, o que ocupa toda a extensão da sua consciência geminiana e a concentra com precisão. Quando as pessoas a conhecerem pela primeira vez, pode levar algum tempo até que vejam sua natureza de Gêmeos. Essa nativa não é tão sociável, é mais séria e mais enérgica e tende a ser mais dura consigo mesma do que com as outras pessoas. Como é orientada para objetivos, deve se lembrar de que não poderá fazer melhor a menos que veja seu próprio progresso e potencial.

Gêmeos com essa ascendência se apega a sentimentos feridos do passado, e isso pode obscurecer sua percepção do presente. Há uma necessidade profunda de um grupo central de pessoas em sua vida. Isso não pode acontecer a menos que se arrisque. Sim, poderá machucar, mas logo vai se recuperar. Confie na sua força para crescer e mudar. Essa combinação também reunirá amigos e companheiros casuais nesta jornada que ajudarão a alcançar outros objetivos. Sua criatividade e originalidade tornam-se mais práticas quando guiadas por seu ascendente em Capricórnio. Essa nativa se apresenta e age de uma forma mais adulta do que muitos geminianos. É também mais decisiva e administra seu dinheiro e sua vida profissional com grande atenção aos detalhes.

O ascendente em Capricórnio cria uma aura e um campo de energia que demoram a ganhar velocidade, mas têm um impulso incrível quando totalmente ativados. Criar o hábito de fazer algum tipo de trabalho energético ou aquecimento meditativo antes de se envolver em Bruxaria é um bom começo. Melhor trabalhar com cristais, pedras e até mesmo com características geográficas como montanhas, pois sua magia combina bem com eles. Seus rituais e feitiços se beneficiam por ter uma estrutura e um plano de ação. Feitiços para remover obstáculos, para pensar claramente e empreendimentos comerciais são favorecidos.

♒

Ascendente em Aquário

Esse ascendente traz uma segunda dose do elemento Ar, que enfatiza mais o pensamento e os poderes da mente do que a comunicação. Alguns podem dizer que Gêmeos tem fogo na cabeça, mas na verdade é eletricidade. A geminiana vibra com uma energia que os outros percebem. Na maioria das vezes, ela é humanitária e tem uma dúzia de planos, perspectivas e ideologias para tornar o mundo melhor. Em teoria, é amante do trabalho coletivo e de estar em equipe, mas pode achar difícil chegar a um acordo. Para tornar suas ideias reais, deve encontrar a realidade no meio. Seu humor e visões excêntricos a ajudarão a encontrar um caminho.

Essa combinação pode ter interesse em desenvolver ou melhorar sistemas de transporte, distribuição, mídia de massa ou comunicação. Essa geminiana muitas vezes pensa em termos do impacto que as ideias ou a tecnologia terão nas populações. Sua vida mental é rica e interessante. Às vezes é tão interessante, que ela esquece de cumprir o que prometeu às pessoas. Cuidar das pessoas surge primeiro de uma conexão mental e racional que pode, com o tempo, tornar-se também uma conexão emocional. Essa nativa é afetuosa, mas raramente pegajosa. As pessoas próximas a ela precisam ser igualmente inovadoras ou fundamentadas e generosas. Seria bom estar atenta ao que coloca em si mesma, sejam ideias ou substâncias. Seu sistema nervoso é tenso e não precisa de esforços adicionais.

O ascendente em Aquário ajuda a tornar mais fácil mudar conscientemente a forma e a densidade de sua aura. Isso faz dessa geminiana uma generalista que pode se adaptar a muitos estilos e formas de magia. A feitiçaria focada em invocar inspiração, criar comunidades e transformação pessoal é apoiada por esta combinação. O ascendente em Aquário tem o dom de transformar ideias em realidade. A magia mental, o psiquismo, a magia climática e o trabalho energético são boas opções para essa combinação.

♓

Ascendente em Peixes

Esse ascendente traz mais mutabilidade, emoções fluidas e percepções psíquicas. Na maioria das vezes, Gêmeos é sensível, terno, atencioso e consciente das necessidades dos outros. A geminiana é boa em ver o que há de melhor nas pessoas ou nas coisas e em saber quais pequenas mudanças transformariam o bom em excelente. Infelizmente, é difícil examinar a si mesma e aplicar os mesmos refinamentos. Como tal, pode aparecer crises de dúvida. Procurar pessoas confiáveis e de bom coração em sua vida para lhe dar bons conselhos é uma boa escolha. Muitas pessoas têm muita consideração por essa nativa, mas ela precisa permitir que lhe digam como é vista.

A geminiana com ascendente em Peixes adora mudar a aparência de suas roupas, cabelos e casa. As pessoas ficam ansiosas para ver o que ela faz e se gostariam de experimentar. Geminianas podem ter problemas para se manter no caminho certo, e o ascendente em Peixes torna mais fácil para elas se distraírem. Se não adotarem o hábito de cumprir prazos e acompanhar o progresso de suas tarefas, decepcionará a si mesma e aos outros. É necessário fazer pesquisas e testes abrangentes para encontrarem empregos, amigos e parceiros que melhor correspondam a quem elas são. Parte dos critérios dessas nativas para as circunstâncias ideais deve incluir ambientes e pessoas que as ajudem a se fundamentarem e a mantê-las no caminho certo.

O ascendente em Peixes com seu Sol em Gêmeos abre os portões da imaginação, do mundo dos sonhos e do mundo superior. Gêmeos com Peixes têm um dom distinto para ajudar os outros a encontrar o caminho para outros níveis de realidade, podendo fazer viagens astrais, transitar entre os mundos físico e espiritual e viagens espirituais em todas as suas formas, com algum treinamento e prática. Essa combinação tem o dom de interpretar e compreender a magia antiga e atualizá-la para que possa ser usada no agora. Música, poesia, cânticos e dança também alimentam sua Bruxaria.

UM PRATO PERFEITO PARA UMA GEMINIANA: ESCOLHA SUA PRÓPRIA AVENTURA NAS TIGELAS DE BURRITO

Dawn Aurora Hunt

* * *

Como os geminianos adoram uma boa aventura e experimentar novas experiências, esta receita é perfeita, porque dará ideias e inspirações para combinações de paladares e fácil preparo de refeições, além de cores e sabores fortes, brilhantes e atraentes.

Opções criam oportunidades. Preparar uma grande variedade de ingredientes diferentes que podem ser transformados em infinitas tapeçarias de sabor, cor e energia mantém as coisas interessantes e divertidas para você de Gêmeos. A inspiração a seguir para tigelas de burrito não é apenas repleta de ingredientes espiritualmente energéticos que manterão o seu paladar interessado, mas cada tigela pode ajudar em vários objetivos. Por exemplo, se você está tentando aumentar a paixão em um relacionamento, encha sua tigela com pimentas para a paixão e camarões para o romance. Ou cubra o seu frango com abacaxi grelhado e milho assado para convidar a energia do Sol para sua vida. Em alguns casos, uma Bruxa de Gêmeos pode ficar sobrecarregada com escolhas e precisar se concentrar com mais clareza; neste caso, acompanhe esta refeição com uma bebida que contenha uma pequena quantidade de cafeína, como o chá gelado, que irá aguçar a consciência.

Nota: se sua dieta a impede de comer carne ou camarão, experimente outros ingredientes saborosos, como batata-doce, couve-flor e jaca marinada e refogada com tempero e azeite.

Ingredientes:

- 1 cebola roxa fatiada
- 1 colher de sopa de azeite
- 1 kg de camarão cru, com cauda
- 1 kg de peito de frango cortado em pedaços
- 2 xícaras de arroz basmati branco cozido
- 2 pimentões poblano fatiados
- 3 pimentões vermelhos fatiados
- 400 g de abacaxi fresco em pedaços
- Coentro ou salsa picados
- Suco de 2 limões
- Sal

Ingredientes da Mistura de Especiarias:

- 1 colher de chá de pimenta
- 1 colher de chá de sal
- 1 colher de sopa de açúcar
- 1 colher de sopa de alho granulado
- 1 colher de sopa de cebola granulada
- 1 colher de sopa de páprica

Outros Ingredientes/Inspirações:

- 1 pimenta jalapeño picada
- 1 xícara de feijão preto em lata, escorrido
- 1 xícara de grãos de milho congelados assados, já descongelados
- 1 xícara de queijo cheddar picante ralado
- 1 xícara de tomate cereja, cortados ao meio

Preparo:

Faça a mistura de especiarias combinando os seis ingredientes em um recipiente pequeno e mexendo até incorporar. Reserve.

Prepare suas proteínas. Usando espetos próprios para grelhar, espete pelo menos cinco pedaços de frango e cinco camarões por espeto, usando espetos separados para frango e camarão. Coloque-os em uma panela larga, continuando até que toda a proteína esteja enfiada nos espetos. Polvilhe tudo com a mistura de especiarias e pincele-os ou borrife-os com azeite. Reserve.

Prepare seu abacaxi. Usando espetos próprios para grelhar, encha os espetos com pedaços de abacaxi e reserve.

Em uma frigideira grande, aqueça uma colher de sopa de azeite. Refogue os pimentões, as cebolas e os poblano até ficarem macios. Polvilhe com sal e pimenta, transfira para um prato e deixe coberto até a hora de servir.

Aqueça uma grelha a gás ou uma frigideira no fogão em fogo alto. Fazendo porções, grelhe cada um dos espetos. Grelhe o frango por cerca de três a cinco minutos de cada lado até que esteja cozido. Grelhe os espetos de camarão por cerca de dois minutos ou menos de cada lado, até que o camarão fique rosado. Grelhe o abacaxi apenas até formar marcas de carvão em cada lado – cerca de três minutos. Retire cada item da grelha e coloque em seu próprio prato.

Coloque o arroz recém cozido em uma tigela grande e misture com o suco de dois limões, o coentro ou a salsa picada e adicione sal a gosto.

Disponha todos os ingredientes em tigelas separadas e crie suas próprias combinações de sabores!

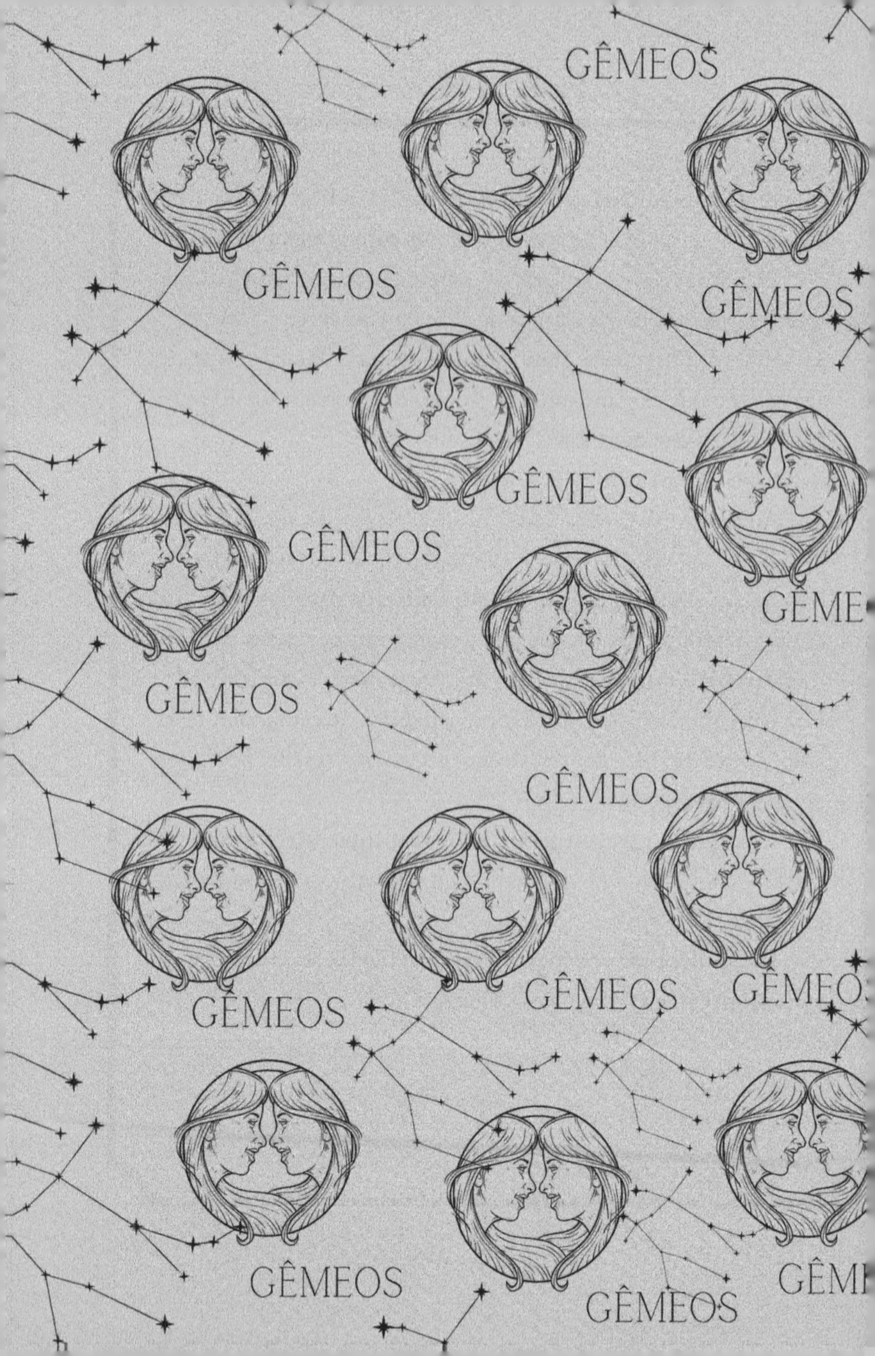
GÊMEOS
GÊMEOS
GÊMEOS
GÊMEOS
GÊMEOS
GÊMEOS
GÊMEOS
GÊMEOS
GÊMEOS
GÊMEOS
GÊMEOS

RECARGA E AUTOCUIDADO

Laura Tempest Zakroff

Nesta seção, veremos algumas maneiras saudáveis de auxiliar sua energia de Gêmeos. Autocuidado pode parecer uma palavra da moda ultimamente, mas por favor, não caia na armadilha de descartar esse trabalho como supérfluo ou simplesmente moderno. Ter rotinas que apoiem o bem-estar é essencial para ser uma Bruxa. Quando não reservamos tempo para recarregar as energias e atender às nossas necessidades, podemos ficar irritados, desorganizados e ansiosos. Isso nos faz sentir desconectados de nossa magia e dos outros

Três Regras Para Prosperar

Para lhe dar uma ideia de quão importante é o autocuidado, vou compartilhar aqui as três regras que temos em nossa casa:

1. Cuide-se.
2. Cuide dos outros.
3. Não seja imprudente.

O autocuidado obviamente se enquadra na Regra nº 1, mas é realçado pelas outras. Se você não está cuidando de si mesma, será extremamente difícil cuidar de outra pessoa. E se não estiver cuidando de si mesma ou das pessoas de quem gosta, provavelmente está sendo imprudente.

Lidando com o Estresse

Para começar a entender como incorporar o autocuidado em sua prática, considere com quais estresses e limitações lida diariamente em um nível subconsciente. Quer outros tenham nos imposto essas caixas ou tenhamos crescido acreditando que é assim que vão gostar de nós, elas são obstáculos comuns ao verdadeiro autocuidado. Liberte-se de certas expectativas que acredita que os outros podem ter de você:

- Você não precisa fazer todas as coisas.
- Não precisa ter ou dar opinião sobre tudo.
- Não precisa saber tudo.

É muito peso para carregar emocional e mentalmente. O estresse pode ser "invisível", mas tem efeitos muito reais em nossas mentes, corpos e espíritos. Se você está se sentindo ansiosa, tendo problemas para dormir, dores de cabeça frequentes, problemas respiratórios e/ou problemas de pele recorrentes – todos esses são sintomas de estresse comuns aos geminianos. Ao trabalhar para liberar essas expectativas, considere estas ideias:

- Você pode aceitar ajuda de outras pessoas.
- Pode abrir mão de coisas que não lhe interessam mais.

- Pode levar o tempo que precisar.

Para ajudar a trabalhar essas ideias em seu corpo, faça o seguinte:

1. Respire fundo e conte três segundos, centralizando o foco no coração e nos pulmões enquanto o peito se expande. Expire por três segundos. Repita mais duas vezes.
2. Agora, concentre-se nos ombros – flexione-os um pouco para frente e para trás, depois erga-os e empurre-os para baixo algumas vezes. À medida que eles começarem a ficar mais soltos, role-os para frente e para trás conforme se sentir confortável. Então relaxe.
3. Em seguida, vire a cabeça de um lado para o outro e aponte o queixo para cima e depois para baixo. Repita até se sentir confortável girando suavemente a cabeça no sentido horário e anti-horário.
4. Concentre-se novamente nos ombros e, em seguida, inspire profundamente e expire mais uma vez. Agora você deve se sentir mais engajada e mais relaxada na parte superior do corpo.

Estimulando a Autoaprendizagem e Aquietando a Mente

Acho que tenho dois modos principais como Bruxa de Gêmeos. Há uma parte de mim que fica entusiasmada com coisas, experiências e aventuras novas. Mas há também a parte que anseia por familiaridade e não quer ser estimulada ou encontrar algo desconhecido. Ambas podem ser abordagens eficazes para práticas de autocuidado.

Bruxas de Gêmeos não se dão bem com a monotonia. Fazer os mesmos movimentos todos os dias pode ser bastante desgastante se não recebermos estímulo mental suficiente para nos manter engajadas. Gostamos de ser desafiadas, gostamos de aprender, adoramos oportunidades de exercitar nossos músculos mentais e de ser criativas. Caso contrário, começaremos a perder o interesse – muitas vezes nos sentindo subutilizadas ou desvalorizadas. Essa condição pode ser verdadeira não apenas para situações de trabalho, mas também para relacionamentos amorosos. É claro que a maioria de nós não pode simplesmente largar o emprego quando nos sentimos entediadas. Sabemos também que os relacionamentos exigem trabalho coletivo para serem bem-sucedidos, o que significa que temos uma participação na realização de mudanças. O segredo é aprender como recarregar as baterias adequadamente e saber quando é um bom momento para fazer uma pausa.

Fiel à sua natureza dualista inata, a tendência é ter duas abordagens contrastantes quando se trata de recarregar o seu eu geminiana. Dependendo da situação, precisamos de uma experiência de imersão total ou precisamos nos retirar completamente e desligar tudo. Tecnicamente, pensando sobre isso, ambos têm o mesmo tipo de abordagem, mas são duas experiências energéticas muito diferentes – uma recarga e uma reinicialização, respeitosamente.

Imersão

Uma experiência de imersão é uma boa oportunidade para agitar as coisas. Pode ser uma nova oportunidade de aprendizagem, como um novo curso de estudo, uma viagem de um dia a um lugar desconhecido ou experimentar uma atividade que é nova para você, como mergulho ou tecelagem de cestos. Não precisa ser algo longo e prolongado como um cruzeiro de seis semanas ou um novo diploma educacional, mas, sim, um curto passeio ou aula que excite nossos cérebros e nossos sentidos. Uma mudança de cenário faz maravilhas para o nosso senso de identidade e ficamos entusiasmadas em voltar com algo novo para conversar. Fazer a imersão com outra pessoa ou não depende muito da atividade e de quem vem conosco. Tendemos a gostar de compartilhar experiências com grupos de pessoas com quem nos sentimos confortáveis, mas também podemos ficar facilmente frustradas se as pessoas nos afastarem da experiência de alguma forma. Porém, se alguém não estiver na mesma página que nós, não corresponder ao nosso entusiasmo ou apenas preferir reclamar ou antagonizar, teremos mais dificuldade em recarregar as energias. Por isso é importante que, se você precisar de companhia para qualquer jornada que escolher, que sejam uma boa opção e combine com você pelo menos na metade do caminho. Melhor ainda se forem mais aventureiros que você!

Aqui está uma lista de ideias para recarga imersiva:

- Faça uma aula ou oficina que seja voltada para a prática ou para o aprendizado de habilidades.
- Contemple as artes – procure música ao vivo, uma apresentação teatral, um evento de poesia ou contação de histórias, uma noite de galeria ou um festival de arte.
- Tente ingressar em um clube social ou grupo de passeio que lhe interesse, especialmente onde não seja necessário fazer planejamento e tudo o que precisa é comparecer.
- Participe de uma noite de jogos, de um teste de conhecimentos ou de outro esforço divertido, competitivo ou colaborativo em grupo.
- Ouça podcasts, aprofunde-se em temas que a fascinam, descubra novas bandas, assista a algo que normalmente não assistiria.

Desconectando-se

Agora, no outro extremo do espectro, está essencialmente o que alguns chamam de "se desconectar". Isso significa fazer uma pausa nas redes sociais, desconectar-se de grupos e grandes aglomerações e, em geral, apenas ficar quieta e contemplativa. O tempo sozinha é decisivo para recarregar. Poderíamos realmente fazer a piada de que geminianos têm dois modos: "falar" e "desligar". Isso claramente envolveria nosso "botão desligar". Mas há um pouco mais de nuances em desligar do que simplesmente nos desligarmos. Provavelmente não vamos querer sentar em um quarto escuro no canto para recarregar as energias. Em vez disso, o que funciona para aquietar a nossa mente pode parecer intranquilo para os outros. Aqui estão alguns exemplos:

- Sair para a natureza ou fazer uma grande mudança de cenário. Somos profundamente influenciadas por nossos ambientes, e agitar as coisas muitas vezes nos faz muito bem. Seja dando uma volta no quarteirão ou fazendo uma caminhada, envolver nossos corpos físicos e ser mais passivas em relação ao que está à nossa frente é muito curativo. Também é muito mais difícil olhar para o telefone ou computador quando estamos no deserto e não conseguimos conectá-los. Isso também se aplica à jardinagem – pois você vai sujar as mãos e as plantas provavelmente exigirão toda a sua atenção.
- Fazer outros tipos de exercícios que fascinam a mente e o corpo, como dança, artes marciais, esgrima ou passeios a cavalo. Embora todas essas atividades exijam que estejamos mentalmente presentes, elas tendem a ser mais relaxantes enquanto nosso corpo é estimulado. No entanto, atividades que não têm estímulo mental suficiente para nos manter presentes tendem a ser desgastantes.
- Envolver-se em meios de comunicação de baixa ansiedade/baixo investimento. Em vez de assistir a um novo programa ou filme o tempo todo, nós, geminianas, muitas vezes gostamos de recorrer aos favoritos familiares como uma sensação de conforto. Já sabemos o que vai acontecer, então não precisamos prestar muita atenção, mas ainda assim aproveitamos o que está acontecendo. Isso também se aplica a assistir ao que costumo chamar de "grandes programas babacas". Todo geminiano que

conheço tem alguns desses esqueletos proverbiais em seus armários. Quer se trate de um reality show atrevido, um especial de férias sentimental ou uma comédia vulgar que detestamos admitir que gostamos para outras pessoas, isso nos fornece um entretenimento que apenas permite que nossos cérebros descansem. Na mesma linha está jogar videogame, o que pode ser uma ótima maneira de entrar em uma realidade alternativa e explorar histórias sem muito estresse (dependendo do jogo, é claro).

- Práticar limpezas e banhos que purificam a mente. Duas das coisas mais simples que posso fazer para me recompor envolvem limpar: tomar banho e arrumar minha casa. A limpeza física é especialmente útil quando não conseguimos identificar ou influenciar imediatamente a fonte do nosso estresse, porque ainda sentimos que estamos fazendo *alguma coisa*. Quando tomamos um banho ritualístico, podemos criar um ambiente rico, cheiroso e agradável, e até relaxar com um bom livro! Algumas velas, um pouco de banho de espuma e uma boa mistura de extratos podem realmente fazer a diferença. Quanto à limpeza da casa, dá muito mais trabalho, mas estamos essencialmente aproveitando o mesmo tipo de rotina que o exercício nos proporciona. Minha recomendação é mantê-la pequena; faça um pouco de cada vez. Costumo sugerir que a maioria das pessoas comece com a pia do banheiro e a área do vaso sanitário, pois geralmente são muito fáceis de limpar, mas fazem uma diferença visual rápida.

- Usar a arte como meditação. Na seção de estimulação anterior listei algumas atividades ativas/sociais baseadas em artes. A arte como meditação costuma ser uma atividade mais solitária ou antissocial – e você provavelmente apreciará ainda mais o tempo sozinha. Pintar, desenhar, tocar um instrumento, tecer, registrar um diário, tricotar e outras atividades artesanais podem colocá-la em um estado de transe e meditativo. Seu cérebro se adapta à tarefa em questão enquanto seu corpo lidera o processo. Você também pode misturar um pouco de intenção mágica na tarefa!

Todas essas são apenas sugestões que podem ser úteis. Você conhece melhor seu corpo e sua mente. Então, da próxima vez que se sentir um pouco indisposta, pergunte-se qual abordagem pode levá-la de volta ao caminho certo: estimular ou aquietar a mente? Então vá em frente!

Polindo o Diamante: um Banho Ritual para a Bruxa de Gêmeos

Por Austin Nix

O mundo interior de um geminiano pode ser um espaço difícil de navegar. Qualquer pessoa com um conhecimento básico de Astrologia poderia presumir como é a mente de Gêmeos: energética, fractal, em constante mudança. No entanto, estamos longe de estar imunes à nossa própria natureza mercurial.

Nós, geminianos, podemos facilmente nos encontrar em uma encruzilhada criada por nós mesmos, sendo eventualmente forçados a unir muitas partes díspares de nossas vidas e personalidades para encontrar um senso de harmonia. Considere o Atu VI do Tarô, mais comumente intitulado "Os Enamorados", que é atribuído a Gêmeos. Este arcano do Tarô representa o caminho entre um núcleo interno de harmonia e os portões da união mística, através dos quais flui a compreensão de que sem Desafio não se encontra a Unidade. (*Solve et Coagula* – "sem dissolução, não há coagulação".)

Como tal, a prática mais útil que você pode escolher é dissolver a cacofonia do seu mundo mental em um fluxo de pensamento focado. É fácil tornar-se exagerado no espírito de "pau para toda obra; uma pessoa mil e uma utilidades", mas é vital (especialmente como um praticante de magia!), implementar uma prática regular de suavizar tal dualidade em uma consciência singular. Como geminianos, possuímos uma mente de diamante e, embora a sua qualidade multifacetada seja uma fonte de beleza inerente, como todas as gemas preciosas, ela deve ser polida para manter a sua clareza.

A água pode ser um elemento eficaz para neutralizar a natureza arejada de Gêmeos, e não há melhor maneira de acalmar a mente volúvel de Mercúrio do que com o autocuidado.

Você vai precisar de:

- Incenso
- Sais de banho ou banho de espuma (opcional)
- Velas (opcional)

Instruções:

Prepare um belo banho, incluindo quaisquer materiais de sua preferência, como sais de banho, bolhas, óleos ou velas. Use a correspondência mágica se quiser, mas concentre-se intensamente em criar um espaço tranquilo para seu corpo e mente. Acenda um incenso (sândalo se não tiver certeza de qual escolher) e fique confortável na água.

Feche os olhos e visualize um grande diamante suspenso no espaço, turvo e coberto de manchas. Passe alguns momentos observando o diamante girar lentamente e observe qualquer nebulosidade que possa diminuir seu brilho natural.

Volte sua atenção para sua respiração. Comece a contar os segundos em cada inspiração e expiração, garantindo que sejam completos e de igual duração. Encontre um espaço natural nas pausas. Ao expirar, imagine que o diamante começa a girar mais rápido, tornando-se menos turvo a cada volta. Continue até que o diamante esteja em seu estado natural de perfeita clareza, girando e refratando tão claramente que você mal consegue ver as divisões de suas facetas.

Este exercício não deve demorar mais do que vinte a trinta minutos. Quando o banho terminar, visualize o diamante brilhante descansando suavemente em uma caixa de veludo preto para guardá-la até o próximo polimento.

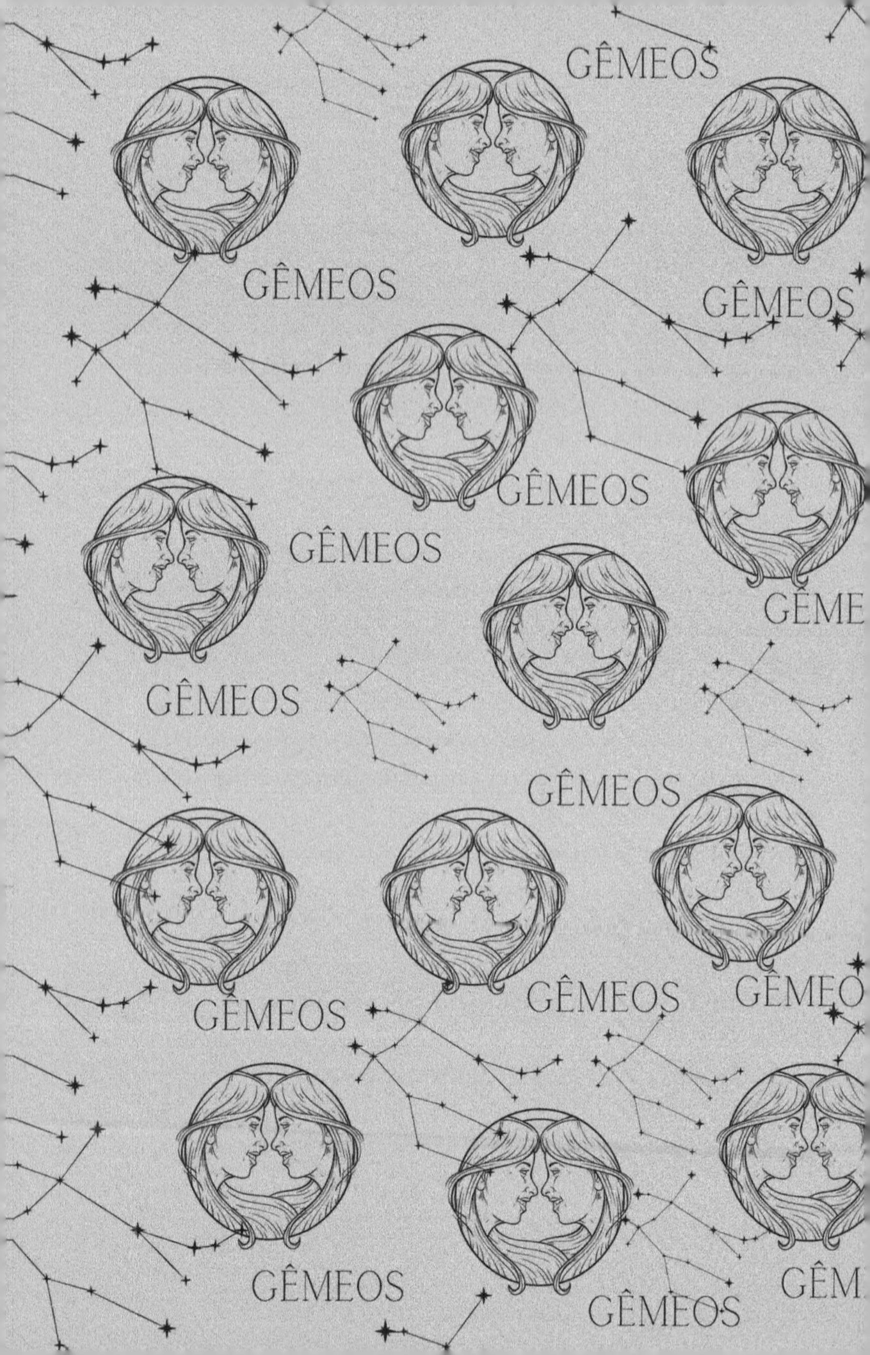
GÊMEOS
GÊMEOS
GÊMEOS
GÊMEOS
GÊMEOS
GÊMEOS
GÊME
GÊMEOS
GÊMEOS
GÊMEOS
GÊMEO
GÊMEOS
GÊMEOS
GÊM

NÃO CULPE O SEU SIGNO SOLAR

Laura Tempest Zakroff

Quantas vezes você já ouviu alguém dizer: "Ah, isso é porque você é de Gêmeos" ou expressar algo semelhante sobre seu próprio signo. Embora seu signo solar possa ser uma referência útil e um guia para muitas características e comportamentos, nada está gravado em pedra. Os estereótipos tendem a conter um fundo de verdade, mas isso não significa que estejam contando a história toda. Pode ser muito fácil culpar seu signo solar por quase tudo. Quando o signo solar é usado como desculpa para evitar responsabilidades ou resolver problemas, pode reforçar limitações e medos. Nesta seção, veremos algumas armadilhas relacionadas ao signo de Gêmeos e como navegar melhor por elas.

Voos de Fantasia e Foco

Nós, geminianas, somos frequentemente descritas como inconstantes, instáveis, desfocadas, caprichosas e com pouca capacidade de atenção. Dizem que temos muitos interesses e pouca substância. (É evidente que este boato foi iniciado por alguém que não era de Gêmeos). Na verdade, somos altamente focadas, mas muitas vezes em vários aspectos ao mesmo tempo, o que pode confundir e atrapalhar os outros. Observar e explorar vários pontos de vista significa que precisamos ser flexíveis e nos movimentarmos para fazer nossas pesquisas. Então, isso é realmente apenas um tipo diferente de foco e abordagem. Porém, se não estivermos interessadas ou estimuladas pelo que é apresentado, simplesmente seguiremos em frente. O truque é comunicar isso de forma eficaz a outras pessoas que podem não entender qual é o problema. Como Bruxa de Gêmeos, acredito que as palavras têm poder e é importante lembrar de usá-las, especialmente quando pode não estar claro para os outros o que estamos pensando ou fazendo. Isso também significa seguir em frente com o que dizemos quando possível. Se não estivermos mais interessadas ou precisarmos de mais tempo para considerar algo, é melhor expressarmos isso em vez de não aparecermos ou sermos ambíguas. Falar nossas intenções em voz alta aos outros também pode ajudar a solidificá-las em nossas mentes e corações.

Quanto a ter "muitos" interesses e pouca profundidade, tenho a certeza de que você já ouviu falar "pau para toda obra, mas não é boa em nada" – e até mesmo já jogaram isso na sua cara como um insulto. Mas a piada é deles. A frase completa mais adequada seria "um pau para toda obra pode não ser mestre em nada, mas muitas vezes é melhor do que o mestre em uma coisa só". Saber uma boa quantidade de informações sobre muitos tópicos ou ser relativamente habilidosa em diversas áreas é um dos pontos fortes da geminiana. Usamos ativamente o que sabemos, mesmo em plataformas, estilos e culturas. Em vez de sermos puristas ou focadas singularmente em uma coisa, notamos semelhanças, misturamos ideias compatíveis e usamos nosso conhecimento cruzado para resolver problemas de forma bastante eficaz. O desafio é estudar ou desenvolver habilidades suficientes para que sua compreensão seja completa, em vez de superficial ou limitada.

Lembre-se de reservar tempo suficiente para mergulhar em um assunto antes de se proclamar uma especialista no assunto. Ser pau para toda obra não significa também ser uma sabe-tudo insuportável. Por exemplo, quando se trata de ser uma Bruxa de Gêmeos, você não precisa ser um especialista em fitoterapia, óleos, astrologia, tarô, runas, ossos, cristais, extratos, sigilos, fabricação de velas e uma dúzia de outras coisas. Claro, algumas dessas coisas estão relacionadas, mas não existe um cartão de bingo de Bruxa que você deva preencher para ser uma "Bruxa de verdade". Reserve um tempo para explorar as áreas que mais lhe interessam e aprimorar suas habilidades. É útil ser amiga de pessoas que são especialistas em áreas que você não é. Não precisa saber tudo sozinha, mas com certeza é útil saber a quem recorrer quando tiver alguma dúvida!

Pensando Demais

Às vezes nossos cérebros, que pensam demais, podem levar a melhor sobre nós, especialmente quando estamos entusiasmadas. Nossa imaginação eventualmente pode realmente fugir de nós, causando um estresse desnecessário.

Lembro-me de alguns anos atrás, quando estava ministrando uma palestra sobre meu segundo livro, *Sigil Witchery*. Este foi meu primeiro evento fazendo sessões de autógrafos e conversando sobre o livro. Aconteceu em minha cidade natal, mas em uma loja New Age onde eu nunca havia me apresentado antes. Cada loja tem seu próprio ambiente e mercado, então havia muitos rostos que eu não conhecia ali presentes. Eu estava um pouco ansiosa para começar.

Mas deixe-me contar um pouco da história antes de continuar. Para o meu primeiro livro, organizei uma extensa turnê nacional. Aconteceu que, no final da turnê, eu estava MUITO boa em falar sobre aquele livro. Eu sabia. A questão é que esse tipo de familiaridade só surge com a experiência. O tipo que se desenvolve após apresentar o mesmo material para públicos diferentes e descobrir o que funciona e o que não funciona. O truque é que cada livro é único, então você começa do zero sempre. No entanto, eu não percebi isso completamente até que, é claro, tive que passar por tudo de novo a cada livro seguinte.

Então lá estava eu naquele pequeno palco com meu novo livro na frente de cerca de vinte pessoas que eu não conhecia. Ao visitar um novo amigo do nosso grupo local de encontro de ocultismo – fiquei exultante ao ver um rosto familiar, mas também ganhei outra camada de nervosismo, porque aquele grupo tendia a ser bastante experiente e nerd. E lá estava eu apresentando minha visão única sobre um tópico, bastante consciente de algumas das atitudes de pessoas provocativas que podem atormentar o mundo oculto quando se trata de vozes não masculinas. Quando fico nervosa e estou sob os holofotes, as palavras parecem começar a sair da minha boca. Não apenas quaisquer palavras, mas também posso ser mais sarcástica e dramática sobre coisas que sinto profundamente. A maioria das pessoas acham isso divertido e engraçado, mas posso ser verdadeiramente tola se não tomar cuidado, mesmo que na verdade não queira ferir os sentimentos de ninguém. Já tinha terminado cerca de três quartos da minha apresentação quando meu amigo se levanta e sai silenciosamente. Hoje em dia as pessoas precisam usar o banheiro o tempo todo, ou têm alguma outra necessidade para cuidar, então elas saem da sala; mas ele não volta. No final da apresentação estou fixada no fato de que ele saiu e de que claramente eu disse algo que o ofendeu. Fui muito cínica e solta com minhas palavras! Fico agitada, demonstro minha preocupação em voz alta para meu parceiro e me pergunto como consertar isso. Eu me reviro a noite toda preocupada e estou com muita raiva de mim mesma por ter me empolgado. Acordo pronta para me desculpar pelo que quer que tenha dito quando vejo que há uma mensagem dele. Meu amigo escreveu que sentia muito por ter saído mais cedo, pois estava gostando muito da palestra, mas precisava pegar um ônibus para voltar para casa. Ele comprou o livro na saída e perguntou se eu poderia autografá-lo na próxima reunião.

Todo aquele estresse e preocupação ocorreu simplesmente porque meu cérebro pensativo demais percebeu uma situação que na verdade não existia.

Outra ocasião em que meu pensamento excessivo quase levou a melhor sobre mim foi quando eu estava viajando para um evento e tínhamos uma babá que ficava com nossos gatinhos. Essa babá em particular é uma mulher madura e mais velha que se atrapalha com mensagens de texto. Você pode receber muitas mensagens de uma única vez ou nada por alguns dias. É assim que as coisas são, e sabemos que ela cuida muito bem dos gatos, então costumo esquecer que às vezes ela é difícil de contatar. Recebi uma mensagem desejando-nos uma boa viagem quando partimos, mas não recebi nada no dia e meio seguinte. Eu havia enviado uma mensagem sobre a chegada de um pacote, mas não recebi nada. Comecei a me preocupar e a imaginar que algo havia dado terrivelmente errado. E se ela tivesse caído? E se estivesse machucada? E se tivesse se cansado? Liguei e deixei uma mensagem, tentando não parecer estressada. Então procurei um amigo para ver se ele poderia passar por lá depois do trabalho para ver como estava a babá do gato, já que ele tinha a chave. Ele poderia realmente passar por lá se eu não tivesse notícias até o momento de ele sair do trabalho. Eu não conseguia nem pensar direito – estava preocupada com a babá, com os gatos, com alguma coisa acontecendo na casa e assim por diante. Não passaram nem mesmo três minutos depois de eu marcar a visita e a babá mandou uma mensagem dizendo que estava tudo bem. Eu havia me estressado por pelo menos quatro horas por nada. Por outro lado, provavelmente agora eu poderia escrever um roteiro de filme de terror para vender para Netflix, chamado *The Missing Cat Sitter* (A Babá de Gatos Desaparecida).

A moral de ambas as histórias é que, embora minha intuição seja normalmente correta para muitas coisas, se eu já estiver em uma situação estressante – seja por estar nervosa ou exausta por causa da viagem – eu deveria simplesmente arquivar meu cérebro até que estivesse em um lugar melhor. Porque o signo não só está ficando distorcido e ampliado pelos meus próprios problemas, como geralmente fica completamente fora do alvo.

A melhor coisa que você pode fazer quando sente que uma espiral de estresse excessivo está se aproximando é se concentrar nos fatos e no conhecimento comprovado – o que você sabe e vê com certeza. Não sucumba a teorias e hipóteses. Encontre uma distração agradável, coma ou beba alguma coisa, tire uma soneca; basicamente, reinicie seu cérebro e seu corpo. Você ficará muito melhor e mais feliz por isso.

Ops! Eu Falei Demais de Novo

Relacionada à história que acabei de contar está a tendência de compartilhar demais ou basicamente vomitar tudo em cima dos outros. Geminianos têm a reputação de serem fofoqueiros quando, na verdade, estamos apenas obcecados por informações e podemos acidentalmente cruzar limites que nem sabíamos que existiam. Quando estamos nervosos ou encorajados, pode ser muito difícil saber quando calar a boca. Compartilhar demais normalmente tem duas consequências: podemos sobrecarregar e/ou perturbar os outros e/ou podemos sentir grande remorso quando percebemos, tardiamente, que falamos demais ou falamos a coisa errada.

- Esta é a história que deve ser contada?
- Este é o público certo para o que você precisa dizer?
- Você está em um ambiente confidencial, caso esteja compartilhando informações confidenciais?
- Você está prestes a dizer algo que sabe que pode assombrá-la no futuro?
- Quando foi a última vez que você respirou fundo e conversou com as pessoas que sabem ouvi-la?

Estas podem parecer coisas realmente óbvias, mas sejamos realistas: nós, geminianas, definitivamente precisaríamos de um lembrete de vez em quando.

Amuleto de Comunicação para Gêmeos

Este pequeno feitiço de rima é uma boa maneira de definir o tom quando você sabe que está prestes a conversar muito sobre algo importante:

Que as palavras que exponho venham do coração
E unidas em força, sem qualquer divisão.
Que ao mundo, com fervor, eu as entrego
Pois são verdades que do meu ser eu despejo

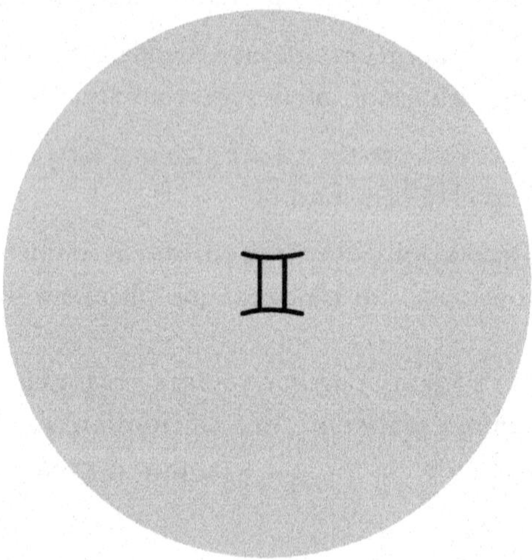

CARTÃO POSTAL DE UMA BRUXA DE GÊMEOS

Crystal Blanton

Nós, geminianas, pensamos profundamente, mas também sentimos com a mesma intensidade, se não até mais. Mantemos os dois lados da moeda, as duas partes equilibradas do ser; muitas vezes somos uma sobrecarga de ambos. No desenvolvimento do meu conhecimento sobre mim mesma, passei a compreender a complexidade desse equilíbrio, em vez de apenas experimentar pura confusão. A quantidade de tempo que passei na minha vida tentando conciliar o que sinto com o que penso, e vice-versa, poderia me render um diploma universitário.

O poder de Gêmeos sempre foi uma questão de equilíbrio para mim. É o conhecimento de que não consigo imaginar uma existência mágica, mas posso aproveitar uma riqueza de poder ao abraçar o delicado equilíbrio.

Ao aprender cada vez mais sobre como manter essa energia de maneiras que ajudem meus objetivos, apoiei-me fortemente na compreensão do conceito de Mente Sábia dentro da Terapia Comportamental Dialética (TCD). A psicóloga Marsha M. Linehan criou o conceito de TCD e identificou a Mente Sábia como um equilíbrio ou integração da mente emocional e da mente analítica ou razoável. Enquanto a mente emocional reage a partir de um lugar de emoção e sentimento, a mente analítica reage a partir de um ponto de vista racional e de "fatos". A Mente Sábia é a integração de ambas.

Apoiar padrões positivos que reforçam a Mente Sábia não me ajudou apenas em uma área da minha vida, mas em todas as áreas, inclusive na minha Bruxaria de Gêmeos. Mente Sábia é o objetivo, até mesmo dentro dos meus trabalhos espirituais e na minha capacidade de manifestar o que quero, sinto e preciso como parte de viver meu caminho.

Então, o que isso significa para mim no meu desdobramento diário da magia? Bem, significa identificar para qual lado da balança estou inclinada, ficar atenta se estou pensando ou sentindo demais para tomar uma decisão ou ação equilibrada e utilizar Ferramentas da Mente Sábia antes de avançar com qualquer nível de trabalho. Significa que estou comprometida com um nível mais elevado de consciência consciente e emocional para minimizar consequências indesejadas para todos ao meu redor e não reagir quando estou presa em um lado da dualidade da minha natureza.

Isso também me dá permissão para parar e dizer a mim mesma: "Garota, é melhor você parar de tropeçar antes de chamar os ancestrais". Uma mensagem muito importante, de fato.

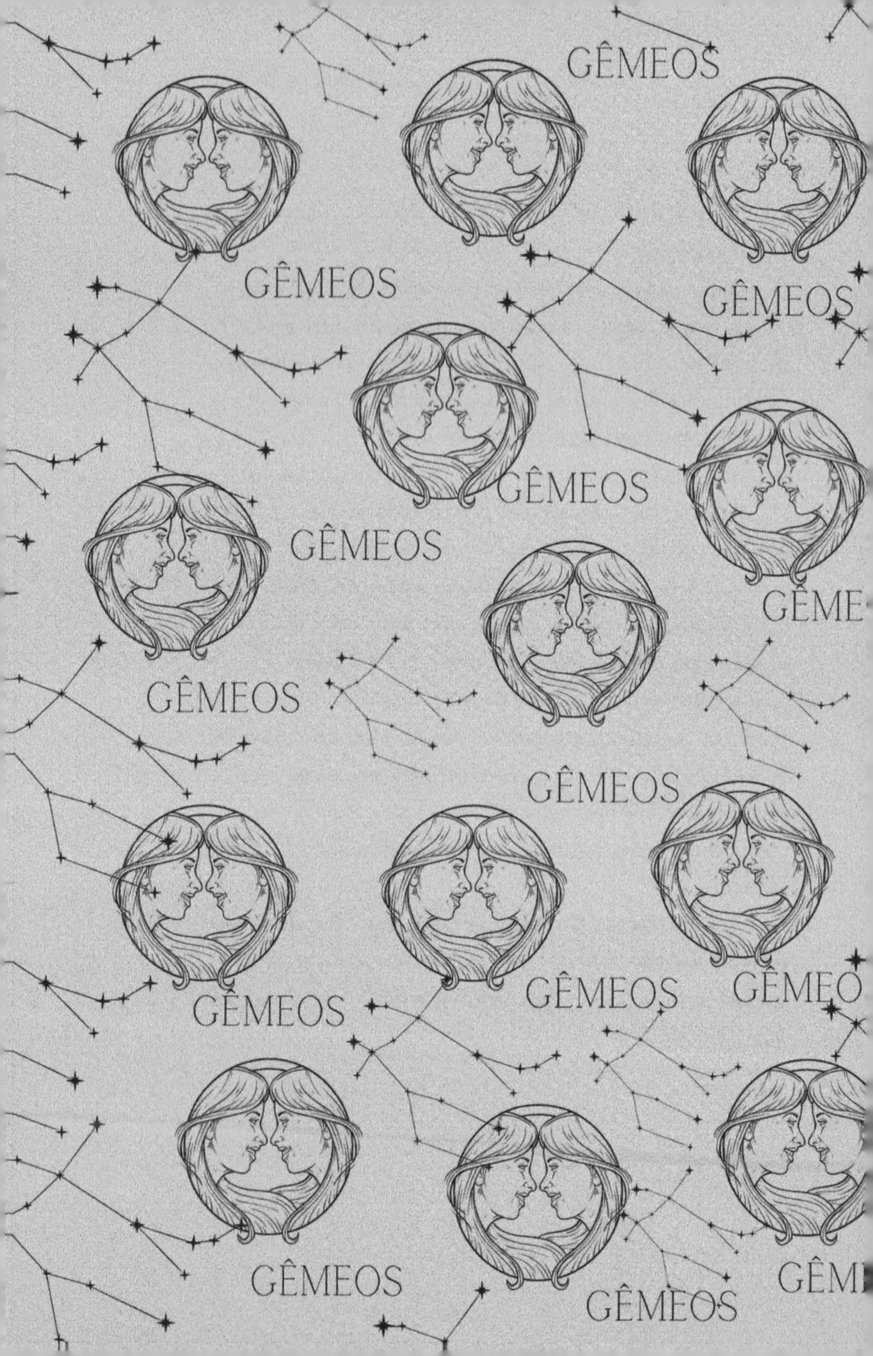
GÊMEOS
GÊMEOS
GÊMEOS
GÊMEOS
GÊMEOS
GÊMEOS
GÊMEOS
GÊMEOS
GÊMEOS
GÊMEOS
GÊMEOS

RITUAL DE ORIENTAÇÃO DO ESPÍRITO DE GÊMEOS

Ivo Dominguez, Jr.

Os signos são mais do que construtos úteis na Astrologia ou categorias para descrever temperamentos, eles também são entidades espirituais poderosas e complicadas. Então, o que queremos dizer quando falamos que um signo é um "espírito"? Eu frequentemente descrevo os signos do zodíaco como as doze formas da sabedoria humana e da loucura. Os signos são como doze estilos da consciência humana, o que também significa que eles são mentes grupais e egrégoras bem desenvolvidas. Pense na miríade de pessoas ao longo de milhares de anos que despejaram energia nas construções dos signos através da visualização intencional e dos estudos. Além disso, a experiência vivida por cada pessoa como um dos signos é depositada nas mentes grupais e egrégoras dos signos delas; eles são animados. Toda geminiana que já viveu ou está vivendo contribui para o espírito de Gêmeos.

Signos têm natureza composta, o que lhes permite existir de muitas formas em múltiplos planos de realidade ao mesmo tempo. Além da contribuição humana para sua existência, os espíritos dos signos são feitos de contribuições de todos os seres vivos em nosso mundo, sejam eles feitos de matéria densa ou substâncias espirituais. Estas vastas e antigas formas de pensamento que se tornaram mentes grupais e então egrégoras, também são vasos que podem ser usados por seres divinos para se comunicarem com os humanos. Os espíritos dos signos podem se manifestar tão pequenos quanto uma fada ou maior que a Terra. A forma e a magnitude do espírito de Gêmeos emergindo diante de você vai depender de quem você é e de como e por que você os invoca.

Existem muitas maneiras boas de ser uma Bruxa e uma infinidade de abordagens bem desenvolvidas para a realização de rituais. O ritual descrito neste capítulo pode ou não corresponder ao seu estilo habitual, mas para sua primeira tentativa, encorajo você a experimentá-lo como está escrito. Depois de experimentar, você verá quais partes, se houver, deseja ajustar para se adequar melhor a você. Darei algumas sugestões sobre como fazer isso no final deste capítulo.

Finalidade e Uso

Este ritual permitirá que comungue com o espírito de Gêmeos. A forma que o espírito assumirá será diferente a cada vez que realizar o ritual. O que vai aparecer será determinado por aquilo que estiver buscando e pelo seu estado de espírito ou de alma. O processo de preparação para o ritual também será benéfico para você. Alinhar-se com a fonte e o núcleo de sua energia é uma prática útil por si só. Explorar suas circunstâncias, motivações e intenções é uma experiência valiosa, esteja você realizando o ritual ou não.

Se você tiver um problema prático que está tentando resolver ou um obstáculo que precisa superar, o espírito de Gêmeos pode oferecer conselhos úteis. Se estiver tentando entender melhor quem você é e o que está buscando realizar, então o espírito de Gêmeos pode ser seu mentor. Se precisar recarregar-se ou liberar energia obsoleta, você pode usar este ritual para se reconectar com uma forte corrente clara de poder que seja compatível com sua essência. Esta energia pode ser usada para magia de fortalecimento, vitalidade física ou cura, ou pode ser redirecionada para um trabalho mágico. Caso esteja carregando objetos ou implementos mágicos com energia de Gêmeos, este ritual também pode ser usado para este fim.

Momento Certo para o Ritual

As condições astrológicas predominantes têm impacto sobre como você experimenta determinada prática, incluindo o tipo e a quantidade de energia disponível, bem como os resultados do trabalho. Se você decidir aprofundar seus estudos de Astrologia, encontrará muitas técnicas para escolher o melhor dia e hora para seus rituais. Felizmente, encontrar o espírito do seu signo não requer um horário exato ou condições astrológicas perfeitas. Este ritual depende da sua conexão interna com seu signo solar, por isso não depende tanto das condições celestiais externas quanto alguns outros métodos. Cada ser possui diversos mundos dentro de si mesmo que incluem paisagens e céus interiores. Seu mapa astral e o céu que ele retrata ardem mais brilhantemente dentro de você. Embora não seja necessário, você pode melhorar a eficácia deste ritual se usar qualquer uma das seguintes orientações para tempos favoráveis:

- Quando a Lua ou o Sol estão em Gêmeos.
- Quando Mercúrio está em Gêmeos.
- E uma quarta-feira, dia de Mercúrio, e melhor ainda na madrugada.
- Quando Mercúrio está em Virgem, onde é exaltado.

Materiais e Montagem

A seguir está uma descrição dos objetos físicos que facilitarão a realização deste ritual. Não se preocupe se não tiver todos eles; pode improvisar, adereços não são obrigatórios. No entanto, os objetos físicos podem auxiliar a ancorar sua energia e foco mental.

Você vai precisar de:

- Uma cópia impressa do seu mapa astral
- Uma mesa para servir de altar
- Uma cadeira se quiser se sentar durante o ritual
- Um prato pequeno ou bandeja com penas para representar o elemento Ar
- Uma variedade de itens para o altar que correspondam a Gêmeos ou Mercúrio (por exemplo, um citrino, uma cenoura ou limão, flores de lavanda)
- Um bloco de papel e uma caneta ou giz. Um pequeno quadro-negro, ou qualquer outra coisa que possa usar para desenhar um glifo.

Antes de iniciar o ritual, considere copiar as invocações em um papel ou marcar este capítulo e trazer o livro para o espaço mágico. O processo de escrever a invocação, seja à mão, seja digitada, pode ajudar a estabelecer uma conexão mais profunda com as palavras e seu significado. Se possível, posicione a mesa do altar no centro do seu espaço ou o mais próximo possível do Leste que conseguir.

Coloque o prato com penas no altar e a sua mão sobre ele. Disponha o seu mapa astral impresso ao lado das penas no altar e organize os itens escolhidos para ancorar a energia de Gêmeos e de Mercúrio ao seu redor. Do lado oposto das penas, coloque o bloco e a caneta. Certifique-se de desligar o telefone, fechar as portas, as cortinas ou tomar outras medidas necessárias para evitar distrações.

Ritual Para Encontrar o Espírito do Seu Signo

Você pode ficar em pé ou sentada – o que for mais confortável. Comece concentrando-se em sua respiração. Ao prestar atenção no processo respiratório, você se torna mais consciente do seu corpo, do fluxo de sua energia vital e do equilíbrio entre ações conscientes e inconscientes. Depois de praticar por cerca de um minuto, é hora de mudar para a respiração quádrupla, que consiste em quatro fases: inspirar, encher os pulmões, expirar e esvaziar os pulmões. Estabeleça que o tempo de cada uma das quatro fases tenha a mesma duração. Tente uma contagem de quatro ou cinco em seus primeiros esforços. Dependendo da capacidade dos seus pulmões e do quão rápido você conta, pode precisar ajustar o número para mais ou para menos. Quando prender a respiração, segure-a com os músculos do abdômen, não com a garganta. Durante a respiração quádrupla, mantenha a garganta relaxada ao prender a respiração. Seja gentil e cuide melhor de si mesma, especialmente se tiver asma, pressão alta, estiver no final da gravidez ou em qualquer outra condição que possa afetar sua respiração e pressão arterial. Geralmente, as dificuldades surgem durante as fases de encher ou esvaziar os pulmões. Isso ocorre pela compressão excessiva dos pulmões ou a retenção do ar ao apertar a garganta. Os pulmões cheios e vazios devem ser mantidos pela posição do diafragma, mantendo as vias aéreas abertas.

Após um a três minutos de respiração quádrupla, você pode retornar ao seu padrão respiratório normal.

Agora, feche os olhos e leve sua consciência para o centro do seu peito. Continue o processo de aterramento e centralização, relaxando e abrindo-se, entrando no estado alfa ou em qualquer outro estado mental que costuma usar para dar suporte ao trabalho ritual. Em seguida, mergulhe profundamente dentro de si mesma e visualize-se sentada em um jardim. Observe a beleza das plantas ao seu redor, suas folhas e flores. Sinta o ar fresco e um delicado aroma. Delicadamente, pegue uma pena e mova-a pelo ar, despertando todos os aspectos dentro de você que são de Gêmeos. Quando estiver pronta, abra os olhos.

Construção Zodiacal

Se estiver sentada, levante-se, se puder, e fique de frente para o Leste. Leia lentamente esta invocação em voz alta, colocando alguma energia em suas palavras. À medida que prossegue, gire lentamente no sentido anti-horário até completar um círculo quando chegar à última linha. Como alternativa, você pode colocar sua mão sobre a cabeça e traçar um círculo do zodíaco com o dedo, também no sentido anti-horário.

Eu invoco os doze para se juntarem a mim neste rito.
Eu invoco Áries e o poder da coragem.

Eu invoco Touro e o poder da estabilidade.
Eu invoco Gêmeos e o poder da versatilidade.
Eu invoco Câncer e o poder de proteção.
Eu invoco Leão e o poder da vontade.
Eu invoco Virgem e o poder do discernimento.
Eu invoco Libra e o poder da harmonia.
Eu invoco Escorpião e o poder da renovação.
Eu invoco Sagitário e o poder da visão.
Eu invoco Capricórnio e o poder da responsabilidade.
Eu invoco Aquário e o poder da inovação.
Eu invoco Peixes e o poder da compaixão.
O poder dos doze está aqui.
Blessed Be!

Respire fundo algumas vezes e olhe para cada item no altar. Fique atenta às mudanças na atmosfera ao seu redor e à presença dos doze signos.

Trabalho no Altar

Pegue o seu mapa astral impresso e o observe atentamente. Com seu dedo, toque cada uma das doze casas do mapa e infunda energia nelas. Você está energizando e despertando seu mapa astral para atuar como um ponto focal de poder no altar. Quando sentir que terminou, retorne o mapa ao altar. Em seguida, pegue o bloco de papel e a caneta e escreva o glifo para Gêmeos várias vezes. Os glifos podem variar em tamanho e sobrepor-se uns aos outros – você pode criar qualquer padrão que desejar, contanto que concentre energia na tinta enquanto escreve. Escrever o glifo é uma ação que ajuda a atrair o interesse do espírito de Gêmeos. Periodicamente, olhe para o prato com as pedrinhas enquanto continua a escrever o glifo. Se você começar a sentir sensações em seu corpo, como formigamento, calor, arrepios ou algo que associe à aproximação de um espírito, é hora de passar para a próxima etapa. Caso essas sensações sejam novas para você, apenas siga seu instinto. Quando sentir que é o momento adequado, guarde a caneta e o papel e pegue a folha com a invocação de Gêmeos.

Invocando Gêmeos

Antes de começar a ler esta invocação, entre em contato com seus sentimentos. Pense no que você espera realizar neste ritual e porque isso é importante para você. Então leia em voz alta estes versos lentamente e com convicção.

> ***Gêmeos, ouça-me, pois nasci no***
> ***Ar Mutável do vento.***

Gêmeos, veja-me, pois o Sol de Gêmeos brilha sobre mim.
Gêmeos, reconheça-me como um membro de sua família e de seus negócios.
Gêmeos, reconheça-me como sua aluna e sua protegida.
Gêmeos, reconheça-me como um canal para o seu poder.
Gêmeos, reconheça-me como portadora de sua magia.
Eu pertenço a você e você pertence a mim.
Eu pertenço a você e você pertence a mim.
Eu pertenço a você e você pertence a mim.
Gêmeos está aqui, dentro e fora.
Blessed Be!

Seus Pedidos

Agora, ao longo de várias respirações profundas, em silêncio ou em voz alta, dê as boas-vindas ao espírito de Gêmeos. Feche os olhos e peça qualquer orientação que possa ser benéfica para você. Esteja aberta para ouvir. Este processo pode levar algum tempo, então tenha paciência. Receber orientação antes de fazer um pedido pode ser valioso, permitindo que você refine ou modifique suas intenções e resultados. Considere o significado de quaisquer impressões ou orientações recebidas e reafirme suas intenções e resultados desejados para este ritual.

É mais eficaz usar vários modos de comunicação para fazer o seu pedido. Fale silenciosamente ou em voz alta as palavras que descrevem sua necessidade e como poderia ser resolvida. Visualize a mesma mensagem, mas sem as palavras, e projete as imagens em sua tela mental. Em seguida, coloque toda a sua atenção em seus sentimentos e nas sensações corporais que foram despertadas ao contemplar seu apelo ao espírito de Gêmeos. Mais uma vez, espere e use todo o seu físico e sentidos psíquicos para perceber o que lhe é dado. Neste ponto do ritual, se houver objetos a serem energizados, toque-os ou foque seu olhar neles.

Ofereça Gratidão

Independentemente de estar certa ou não sobre o sucesso do ritual ou o prazo para os resultados se manifestarem, é sempre uma boa prática expressar gratidão pela presença do espírito de Gêmeos e pelo seu próprio empenho no trabalho. Esse estado de espírito pode facilitar a manifestação do trabalho realizado e servir como um amortecedor contra quaisquer consequências não intencionais que possam surgir do ritual.

Finalize o Ritual

Se possível, fique em pé e vire-se para o Leste. Gire lentamente no sentido horário até completar o círculo enquanto repete o seguinte texto, ou algo similar.

> ***Retorne, retorne ó roda giratória para a***
> ***sua casa estrelada***
> ***Adeus, adeus, ó ágil Gêmeos, até nos***
> ***falarmos novamente.***

Outra opção ao dizer essas palavras é colocar a mão sobre a cabeça e traçar uma linha no sentido horário do círculo do zodíaco com o dedo. Ao concluir, diga:

> ***Está feito. Está feito. Está feito.***

Após o Ritual

Eu encorajo você a registrar seus pensamentos e observações que surgirem durante o ritual. Faça isso enquanto ainda está tudo fresco em sua mente, antes que os detalhes comecem a se dissipar. Essas informações se tornarão mais úteis ao longo do tempo, à medida que você trabalha mais com o espírito de Gêmeos. Isso também vai permitir que avalie os resultados de seus esforços e melhore seu processo em futuros trabalhos. Anotar ou registrar em um diário também será útil para ajustar quaisquer mudanças ou refinamentos neste ritual para uso futuro. Dependendo da orientação que receber ou dos resultados desejados, pode ser útil adicionar lembretes em seu calendário.

Mais Opções

Estas são algumas variações deste ritual que você pode querer tentar:

- Reúna ou adquira incensos do signo de Gêmeos para queimar durante o ritual. Um óleo de Gêmeos para ungir a vela é outra possibilidade. Estou fornecendo a seguir uma das minhas receitas de óleo como uma opção.
- Monte um altar mais rico e significativo. Além de adicionar mais objetos que ressoam com a energia de Gêmeos ou de Mercúrio, consagre cada objeto antes do ritual. Você também pode querer colocar um tecido no altar em uma mesa que lembre Gêmeos, Mercúrio ou o elemento Ar

- Criar um sigilo para concentrar a essência do que você está trabalhando seria um bom complemento para o altar.
- Considere adicionar cânticos, entoando-os de forma livre, ou faça movimentos para aumentar a energia direcionada ao trabalho no altar e/ou para invocar Gêmeos.
- Se sentir-se inspirada, escreva suas próprias invocações para convidar o zodíaco e/ou invocar Gêmeos. Personalizar o ritual desta forma pode aprofundar sua conexão com os signos e tornar o ritual mais pessoal.

Lembre-se de que os rituais têm um significado maior e são mais eficazes quando personalizados e feitos de acordo com suas próprias necessidades e intenções.

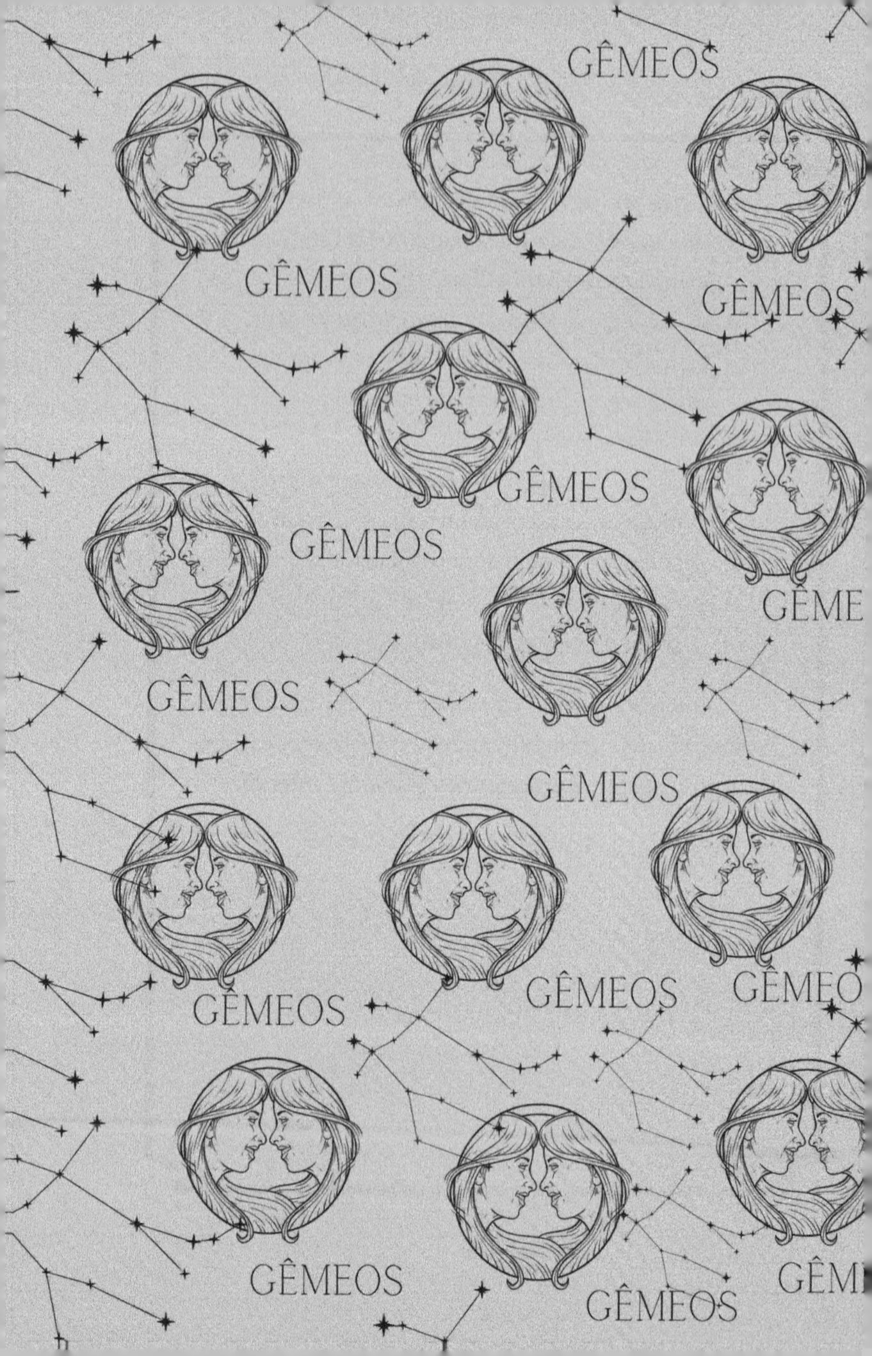
GÊMEOS
GÊMEOS
GÊMEOS
GÊMEOS
GÊMEOS
GÊMEOS
GÊMEOS
GÊMEOS
GÊMEOS
GÊMEOS
GÊMEOS

RECEITA DE ÓLEO DE UNÇÃO DE GÊMEOS

* * *

Ivo Dominguez, Jr.

Este óleo é destinado a energizar e consagrar velas, cristais e outros objetos utilizados em sua prática. Ele facilita a imbuir um instrumento com a energia de Gêmeos e prepara-os para canalizar sua vontade e poder como uma Bruxa de Gêmeos. No entanto, evite aplicá-lo na pele sem realizar um teste alérgico prévio.

Ingredientes:

- Capim-limão – 4 gotas
- Cardamomo – 2 gotas
- Hortelã-pimenta – 6 gotas
- Lavanda – 5 gotas
- Melaleuca – 2 gotas
- Óleo carreador – 2 colheres de sopa (30 ml)

Instruções:

Despeje 30 ml de óleo carreador em uma pequena garrafa ou frasco. Os óleos carreadores preferidos são o óleo de amêndoa ou o óleo de coco fracionado, embora outros também possam ser utilizados. Idealmente, óleos essenciais são os mais recomendados, mas óleos perfumados podem ser substitutos viáveis. Adicione as gotas dos óleos essenciais no óleo carreador e tampe bem o frasco, agitando-o várias vezes. Segure o frasco entre suas mãos, respire fundo e despeje energia no óleo. Visualize a energia amarela-clara e o glifo de Gêmeos. Repita a palavra "Gêmeos" e aumente a energia da maneira que desejar. Continue até que o óleo fique quente e pareça brilhar, ou até quando sentir que ele está energizado.

Rotule o frasco e armazene o óleo em um local fresco e escuro. Considere manter um pouco de cada lote anterior de óleo para adicionar ao que foi feito recentemente. Isso ajuda a fortalecer a continuidade da energia e das intenções colocadas no óleo. Com o tempo, essa conexão torna seus óleos mais poderosos.

MELHOR A CADA DIA

Laura Tempest Zakroff

Espero que você tenha percebido que ser uma Bruxa de Gêmeos é mais do que apenas um rótulo ou algo na periferia do seu ser. Faz parte de quem você é e de como você interage com o mundo ao seu redor. Uma parte essencial do desenvolvimento de uma prática autêntica é abraçar totalmente quem você é e explorar suas habilidades e poderes naturais. Para ajudá-la a ter sucesso na construção dessa prática, esta seção inclui ideias, exercícios e sugestões para realmente "dar um toque especial"!

Um Pouco a Cada Dia

A prática diária não precisa ser complicada ou extensa. Eu sempre recomendo que as pessoas comecem observando o que já estão fazendo todos os dias. Quais são os pequenos rituais que compõem o seu dia a dia? Desde a primeira xícara de bebida matinal até tomar banho, cuidar dos animais e se vestir – tudo isso são excelentes oportunidades para adicionar um pouco de magia. Melhor ainda, você pode encontrar maneiras de incorporar facilmente algumas das outras atividades que discutimos anteriormente. Aqui estão algumas ideias para ajudá-la a mergulhar totalmente no fluxo da energia de Gêmeos:

- Unte-se com um óleo especial após o banho. Gosto de passar um pouco em um pulso e esfregar no outro para espalhar o óleo em ambos os pontos. Então paro um momento para sentir o cheiro do óleo mudando conforme ele entra em contato com minha pele. Ao realizar esta unção, dê um passo adiante mentalmente, reconhecendo seus pulsos esquerdo e direito como os aspectos gêmeos se unindo.
- Leia uma pequena passagem de um livro de sabedoria por alguns minutos todos os dias. Você provavelmente tem uma pilha impressionante de TBR (para ser lida) apenas esperando para ser aberta. Se você selecionar um livro que tenha diversas seções curtas (como um livro sobre ervas, cristais ou adivinhação), poderá praticar um pouco de bibliomancia e ao mesmo tempo fascinar sua mente!
- Pratique afirmações diárias. Como geminianas, podemos conversar e encantar muito, mas isso geralmente também acontece com outras pessoas. Nossos monólogos internos muitas vezes se aventuram em territórios negativos, o que pode ser prejudicial. Podemos equilibrar o crítico interno com um fã interno, repetindo algumas frases curtas e positivas para nós mesmas. Você pode dizer as palavras em voz alta para

o seu reflexo no espelho ou transformá-las em uma meditação. Alguns exemplos: *Tenho orgulho de quem sou. Eu aceito minhas peculiaridades como meus pontos fortes. Eu não sou "demais". Eu trago mudanças criativas. Compartilho meu conhecimento com amor.*

- Use adornos como magia. Tenho certas peças que sempre coloco quando estou saindo de casa: um colar especial e pelo menos duas pulseiras contra o mau olhado. Isso faz parte das minhas proteções diárias. Todo o resto que coloco depois adiciona outra camada de significado e magia. Não se trata apenas de combinar uma roupa, mas, sim, de ver o que é bom vestir e o que me ajuda a explorar a parte da minha personalidade que quero utilizar naquele dia. Você pode estender isso às suas roupas, maquiagem, sapatos, bolsas, chapéus – tudo o que ajuda a fortalecer a forma como deseja se sentir e parecer aos outros.

Estas são apenas algumas dicas para incorporar mais magia da Bruxa de Gêmeos em sua vida diária. Não tenha medo de experimentar e se embelezar – e o mais importante, divirta-se um pouco enquanto faz isso!

Trabalhando o Sigilo de Gêmeos com o Corpo

Tempos atrás, quando eu estava trabalhando na criação de um sigilo pessoal para mim, cheguei a uma combinação de um Pentagrama (estrela de cinco pontas) colocado no centro do signo de Gêmeos. A estrela parecia estar segurando o glifo ou emergindo da porta entre os dois pilares. O Pentagrama para mim simboliza a intersecção da Terra, do Ar, da Água, do Fogo e do Espírito, bem como do próprio corpo humano. Se você semicerrar os olhos um pouco, a estrela assume o personagem do "Homem Vitruviano" de Leonardo da Vinci – a parte superior apontando para cima é a cabeça, as pontas laterais são os braços e as pontas inferiores são as pernas.

Minha Bruxaria está centrada em reconhecer o corpo como minha ferramenta mágica mais poderosa e imediata – e é a sua também! Somos espírito entrelaçado com carne, aprendendo a vivenciar o mundo físico. Somos fisicamente compostas por todos os elementos, e cada um está presente energeticamente dentro de nós. Porém, é fácil perder de vista essa verdade quando somos absorvidas pelas palavras do mundo e por uma infinidade de atrações irresistíveis. Este sigilo é um lembrete para não ficarmos presas apenas em nossos pensamentos, mas para distribuirmos essa energia por todo o corpo, a fim de vivenciarmos a vida de forma mais plena.

No Ritual do Ivo para Encontrar o Espírito do Seu Signo, você é instruído a desenhar o glifo de Gêmeos como parte do rito. Embora certamente possa seguir a mesma abordagem com o sigilo de Gêmeos, para este exercício vou orientá-la a desenhar o sigilo com e através de seu corpo. O objetivo é fazer com que você esteja mais presente em seu corpo e pronta para aproveitar a energia de Gêmeos sempre que precisar. Seu corpo é a estrela, e o mundo ao seu redor se torna o glifo de Gêmeos que o enquadra.

Ao tentar fazer este exercício pela primeira vez, não se apresse. Trabalhe lentamente e preste atenção em como seu corpo se sente a cada passo. Mais importante ainda, ouça o seu corpo e não faça nada que seja desconfortável ou que possa machucá-la. Ajuste conforme necessário ou inspirado. Comece ficando em pé com os pés um pouco mais afastados que a largura dos ombros e os braços relaxados ao lado do corpo. (Se não conseguir ficar de pé, sentar com as pernas abertas também pode funcionar.) Você se tornará a estrela dentro do glifo. Se isso ajudar a visualizar melhor, fique em uma porta para obter uma representação bem física do símbolo de Gêmeos. Caso a porta for estreita, procure ficar um pouco à frente dela para não bater com as mãos. Se o batente da porta estiver próximo ou um pouco mais largo que a envergadura do seu braço, você poderá ficar no meio dela.

1. Respire fundo e expire contando três segundos. Respire fundo pela segunda vez e expire contando seis segundos. Em seguida, respire fundo pela terceira vez e expire lentamente por um espaço de nove segundos.
2. Para ficar mais presente no corpo, comece focando nos pés. Balance seu peso para mudar dos dedos dos pés para o peito, para os calcanhares e para trás, lenta e suavemente. (Se estiver sentada, flexione os tornozelos para rolar os pés contra o chão da mesma

maneira.) Visualize o chão como a base do glifo presente sob seus pés.

3. Em seguida, concentre-se dos pés até os tornozelos e panturrilhas, deslocando, contraindo e liberando lentamente os músculos das panturrilhas. Dobre e estique suavemente os joelhos sem travá-los. Pense nesse movimento fluido e ondulante como a maré crescente do oceano subindo pelo seu corpo. Continue sua consciência até as coxas, quadris e barriga, para que haja a sensação de estar com água até a cintura.
4. Mova seu foco para o peito, onde residem o coração e os pulmões. Levante as mãos na frente do esterno. Respire fundo e expanda, tire e abra os braços do peito enquanto expira. Seus braços agora devem estar abertos e estendidos, as mãos estendidas para os lados, as palmas voltadas para a sua frente. Dependendo do seu corpo e nível de conforto, suas mãos podem estar na altura dos ombros ou no meio do caminho entre os ombros e os quadris. À medida que você

se estende, seus braços alcançarão os "pilares" do glifo de cada lado seu.

5. Agora mude sua atenção do peito e dos braços, passando pelo centro do pescoço até a cabeça. Pense na parte superior da estrela e imagine o "teto" do glifo de Gêmeos acima de você e conecte-se com ele mentalmente (ou olhe para cima para vê-lo se estiver parado em uma porta ou se tiver algum problema de visualização).
6. Lembre-se da "base" do glifo abaixo e reconheça que seu corpo agora é a estrela no meio. Como abaixo, é acima. Você deve sentir uma sensação de conexão do topo da cabeça até os pés. Neste ponto, poderá invocar a energia do glifo ao seu redor (desde os pés, passando pelas mãos, descendo pela cabeça). Você pode puxar essa energia para o centro do seu corpo como uma bola de luz, bem como empurrá-la de volta para "iluminar" o glifo, a luz da sua estrela. Uma maneira simples de considerar esse movimento é atrair energia para dentro para estimular sua presença em

Gêmeos ou liberá-la para enviar energia a outras pessoas ou relaxar seu corpo.

Logo que adquirir a sensação de conexão, este exercício é algo que poderá fazer diariamente por um ou dois minutos. Este sigilo incorporado pode ser útil como parte de uma rotina matinal de equilíbrio para colocar você e sua mente em movimento. Ou poderá usá-lo no final do dia, antes de dormir, para acalmar a mente e se preparar para descansar. Você também pode utilizar o sigilo de Gêmeos durante o ritual ou ao iniciar o trabalho de feitiço para entrar no estado de espírito (e corpo) correto.

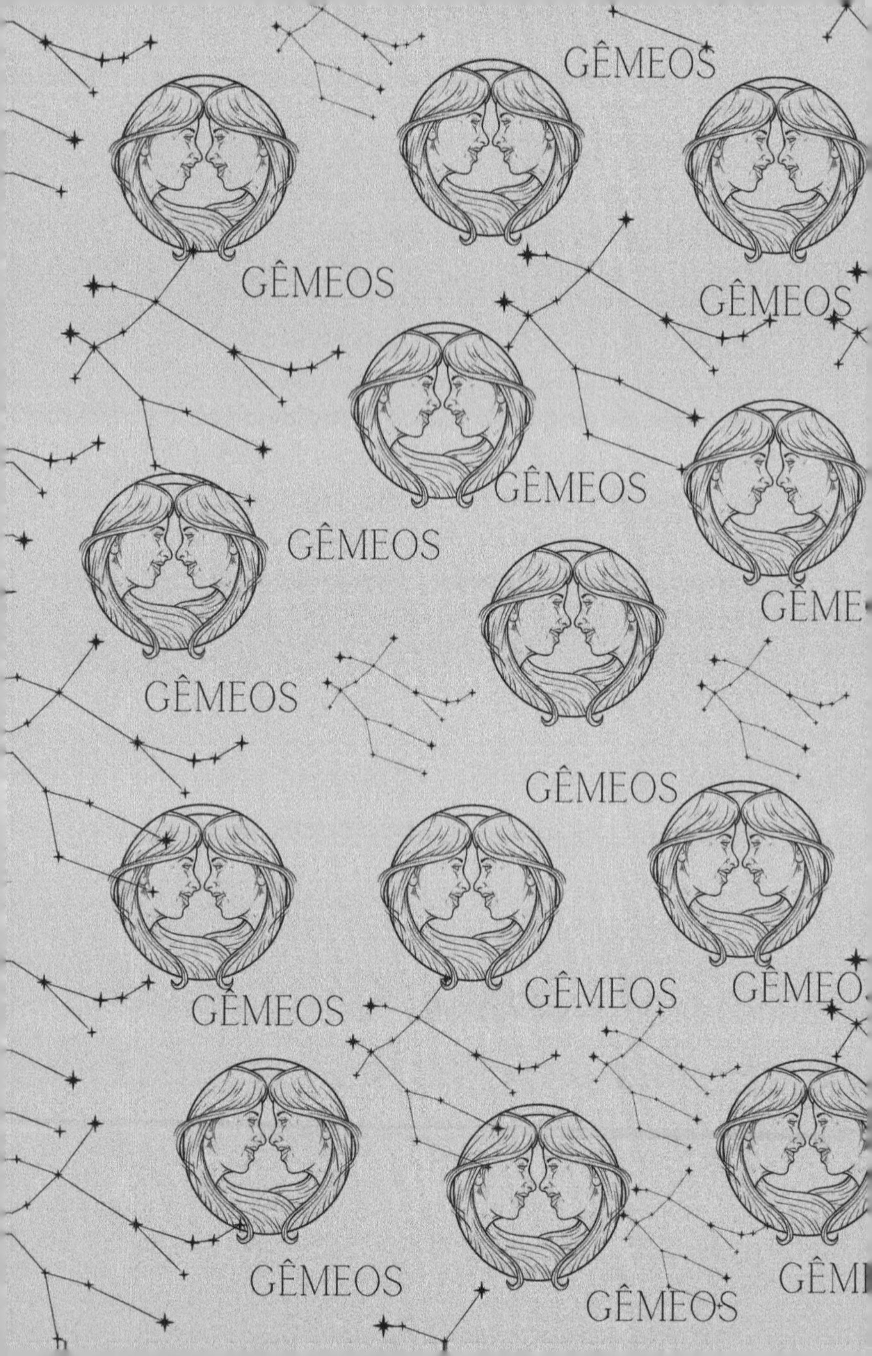
GÊMEOS
GÊMEOS
GÊMEOS
GÊMEOS
GÊMEOS
GÊMEOS
GÊMEOS
GÊMEOS
GÊMEOS
GÊMEOS
GÊMEOS

CONCLUSÃO

Ivo Dominguez, Jr.

Espero que você esteja aproveitando o que descobriu neste livro em sua magia. Você pode ter o desejo de aprender mais sobre como a Astrologia e a Bruxaria se encaixam. Uma das melhores maneiras de fazer isso é falar sobre o assunto com outros praticantes. Procure por discussões on-line e, se houver uma loja esotérica local, verifique se eles oferecem aulas ou grupos de discussão. Se não encontrar o que precisa, considere criar um grupo de estudos. Aprender mais sobre seu próprio mapa astral também é um excelente próximo passo. Alguns recursos para estudo estão listados no final deste livro.

Em algum momento, você pode querer recorrer aos serviços de um astrólogo para obter uma leitura personalizada do seu mapa astral. Existem serviços que fornecem não apenas os mapas, mas leituras completas que são geradas por softwares. Essas ferramentas são aceitáveis e mais econômicas do que um astrólogo profissional, mas faltam-lhes a sutileza e a intuição que só uma pessoa pode oferecer. Isso, porém, pode ser um bom ponto de partida. Se decidir contratar um astrólogo para fazer seu mapa, pesquise até encontrar alguém sintonizado com suas necessidades espirituais. Você pode decidir aprender Astrologia o suficiente para ler seu próprio mapa, e isso será bom por muitos motivos. No entanto, pelas mesmas razões que os leitores de Tarô procuram outra pessoa para uma leitura, isso também se aplica aos leitores astrológicos. É difícil ver algumas coisas quando se está muito apegada aos resultados.

Se você descobrir que seu interesse pela Astrologia, assim como o modo como ela influencia a conexão das pessoas com a Bruxaria, foi estimulado por este livro, é provável que aprecie também os outros livros desta série. Além disso, se estiver trabalhando com outras Bruxas, vai descobrir que saber mais sobre como elas abordam seu ofício tornará seus esforços coletivos mais produtivos. Entendê-las melhor também ajudará a reduzir os conflitos ou mal-entendidos. O final deste livro é na verdade o início da aventura.

APÊNDICE

CORRESPONDÊNCIAS DE GÊMEOS

21/22 de maio - 21/22 de junho

Símbolo: ♊

Sistema Solar: Mercúrio, Urano

Estação: verão

Dia: quarta-feira

Hora do dia: quando o sol está subindo

Runas: Dag, Ehwaz, Odal, Thorn, Tyr

Elemento: Ar

Cores: azul, marrom, verde, laranja, rosa, vermelho, prata, turquesa, violeta, branco, amarelo

Energia: Yang

Chacras: Cardíaco, Laríngeo

Número: 2, 3, 6

Tarô: Os Enamorados, O Mago

Árvores: faia, castanheiro, espinheiro, aveleira, castanheiro-da-índia, loureiro, tília, carvalho, nogueira.

Erva e Jardim: bergamota, trevo, endro, funcho, íris, hera, lavanda, lírio, lírio-do-vale, manjericão-doce, artemísia, hortelã-pimenta, boca-de-leão, verbena, arruda

Plantas Diversas: anis, eufrásia, marroio, mandrágora, absinto

Pedras Preciosas e Minerais: ágata (árvore), alexandrita, água-marinha, olho de gato, crisocola, citrino, esmeralda, fluorita, howlita, jade, jaspe (verde), magnetita, pedra da lua, ágata-musgo, quartzo (transparente), safira, serpentina, olho de tigre, topázio, turmalina (melancia)

Metais: mercúrio

Do Mar: pérola

Deusas: Ártemis, Inanna, Seshat

Deuses: Apollo, Dumuzi, Enki, Hermes, Janus, Krishna, Mercúrio, Odin, Thoth

Anjo: Rafael

Animais: gado (touro), veado

Aves: frango (galo), águia, papagaio, corvo

Problemas, Intenções e Poderes: adaptabilidade, equilíbrio, mudança, astúcia, comunicação, comunidade, criatividade, emoções, inteligência, conhecimento, a mente (alerta), dinheiro, relacionamentos, verdade.

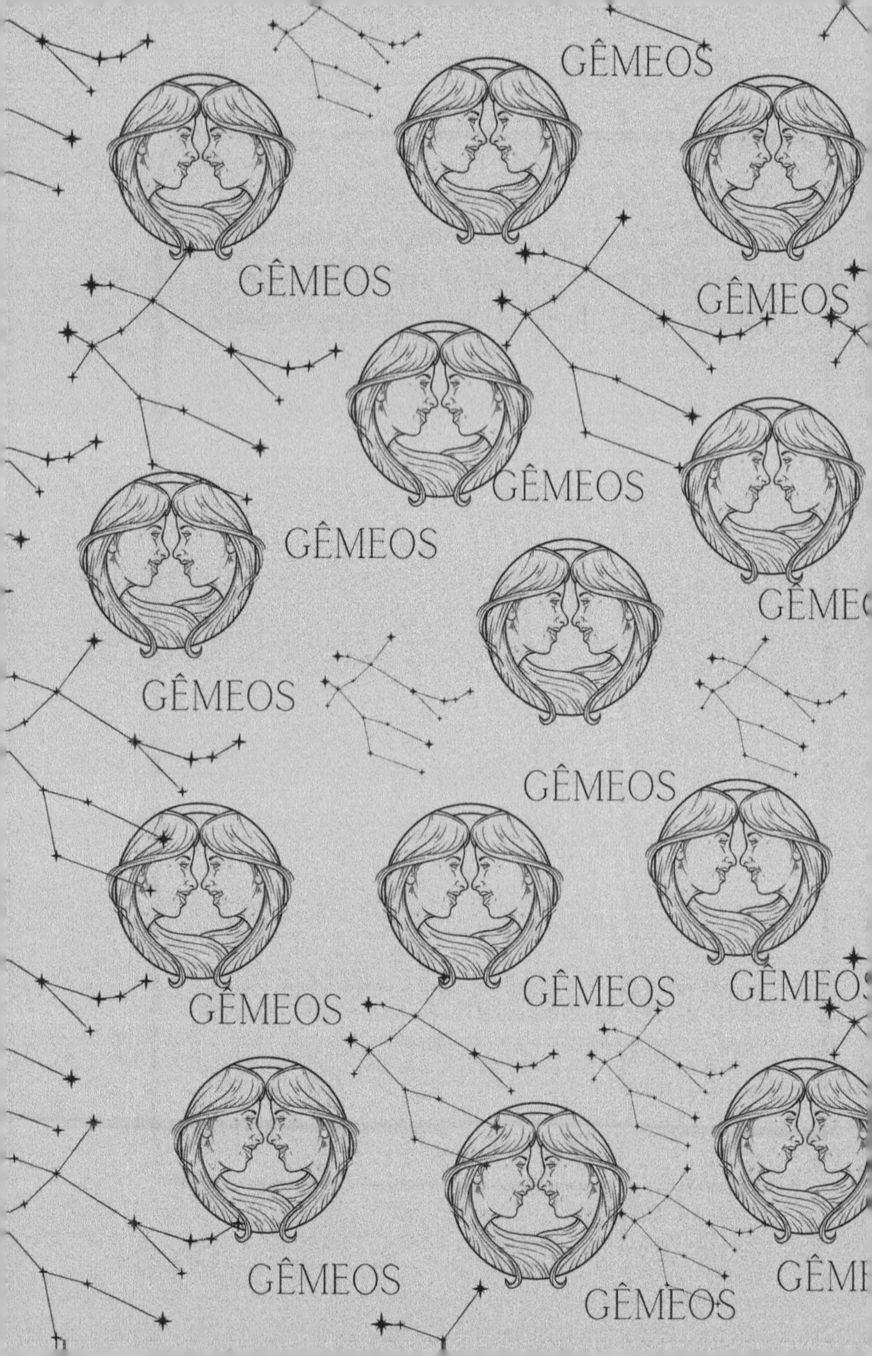
GÊMEOS
GÊMEOS
GÊMEOS
GÊMEOS
GÊMEOS
GÊMEOS
GÊMEOS
GÊMEOS
GÊMEOS
GÊMEOS
GÊMEOS

FONTES

On-line

Astrodienst: mapas astrais gratuitos e muitos recursos.

- https://www.astro.com/horoscope

Astrolabe: mapas astrais gratuitos e recursos de software.

- https://alabe.com

The Astrology Podcast: um podcast semanal apresentado pelo astrólogo profissional Chris Brennan.

- https://theastrologypodcast.com

Revista

A revista de astrologia mais reconhecida do mundo (disponível nos formatos impresso e digital).

- https://mountainastrologer.com

Livros

- *Practical Astrology for Witches and Pagans* de Ivo Dominguez, Jr.
- *Parkers' Astrology: The Definitive Guide to Using Astrology in Every Aspect of Your Life* de Julia and Derek Parker

- *The Inner Sky: How to Make Wiser Choices for a More Fulfilling Life* de Steven Forrest
- *Predictive Astrology: Tools to Forecast Your Life and Create Your Brightest Future* de Bernadette Brady
- *Chart Interpretation Handbook: Guidelines for Understanding the Essentials of the Birth Chart* de Stephen Arroyo

COLABORADORES

Nossos agradecimentos e estima a todos os nossos autores convidados que contribuíram com sua própria energia especial de Gêmeos para este projeto.

Christopher Allaun

Chris Allaun é cofundador e ministro da The Fellowship of the Phoenix, uma tradição Neopagã *Queer*. Iniciado na Bruxaria Tradicional e na OTO e especialista em Bruxaria, caminhada espiritual, necromancia e cura energética. Allaun escreveu vários livros sobre Xamanismo e Bruxaria, incluindo *A Guide of Spirits: A Pscychopomp's Manual for Transitioning the Dead to the Afterlife*.

Crystal Blanton

Crystal Blanton é assistente social clínica licenciada, ativista, escritora, mãe, esposa e Sacerdotisa. Trabalha na gestão de programas de saúde mental e dirige um pequeno consultório particular. Ela é autora de *Bridging the Gap* e *Pain and Faith in a Wiccan World* e editora das antologias *Shades of Faith* e

Shades of Ritual e coeditora de *Bringing Race to the Table: Exploring Racism in the Pagan Community*.

Irene Glasse

Irene Glasse é uma Bruxa mística, ministra, blogueira, professora de ioga, musicista (Kindred Crow) e ex-fuzileira naval com formação em jornalismo. Professora de longa data de Bruxaria, meditação e magia no meio do Atlântico e coautora de *Blackfeather Mystery School: The Magpie Training* (Dragon Alchemy Publishing, 2022).

Dawn Aurora Hunt

Dawn Aurora Hunt, é proprietária da Cucina Aurora Kitchen Witchery e autora de *A Kitchen Witch's Guide to Love & Romance* e *Kitchen Witchcraft for Beginners*. Embora não tenha nascido sob o signo de Gêmeos, ela combina conhecimento de metas espirituais e ingredientes mágicos para criar receitas para todos os signos solares nesta série. Ela é de Escorpião. Encontre-a em: www.CucinaAurora.com.

Sandra Kynes

Sandra Kynes (Midcoast Maine) é autora de dezenove livros, incluindo *Mixing Essential Oils for Magic, Magical Symbols e Alphabets, Crystal Magic, Plant Magic,* e *Sea Magic*. Conteúdos extraídos de seu livro, *Llewellyn's Complete Book of Correspondences*, têm sido usado ao longo desta série. Ela é de Escorpião. Encontre-a em: http://www.kynes.net.

Tiffany Lazic

Tiffany Lazic é psicoterapeuta registrada, diretora espiritual, praticante certificada da Havening Techniques e uma geminiana sempre curiosa recém-transplantada do Canadá para o País de Gales. Autora de *The Great Work: Self-Knowledge and Healing Through the Wheel of the Year* and *The Noble Art: From Shadow to Essence Through the Wheel of the Year.*

Najah Lightfoot

Najah Lightfoot é autora multipremiada dos best-sellers *Good Juju: Mojos, Rites & Practices for the Magical Soul* e *Powerful Juju: Goddesses, Music & Magic for Comfort, Guidance & Protection.* Ela é colaboradora da *The Library of Esoterica-Volume III, Witchcraft,* e pode ser encontrada on-line como @NajahLightfoot no Instagram e no Facebook.

Austin Nix

Austin Nix é um ocultista de Fayetteville, Carolina do Norte, com interesse específico em Astrologia, Thelema e misticismo. Ele inicialmente se envolveu com uma comunidade ocultista mais ampla, conquistando seguidores no TikTok durante as primeiras ondas da pandemia de COVID-19. Agora apresenta o podcast *Millennial Magick,* onde discute uma variedade de tópicos relacionados à magia e espiritualidade.

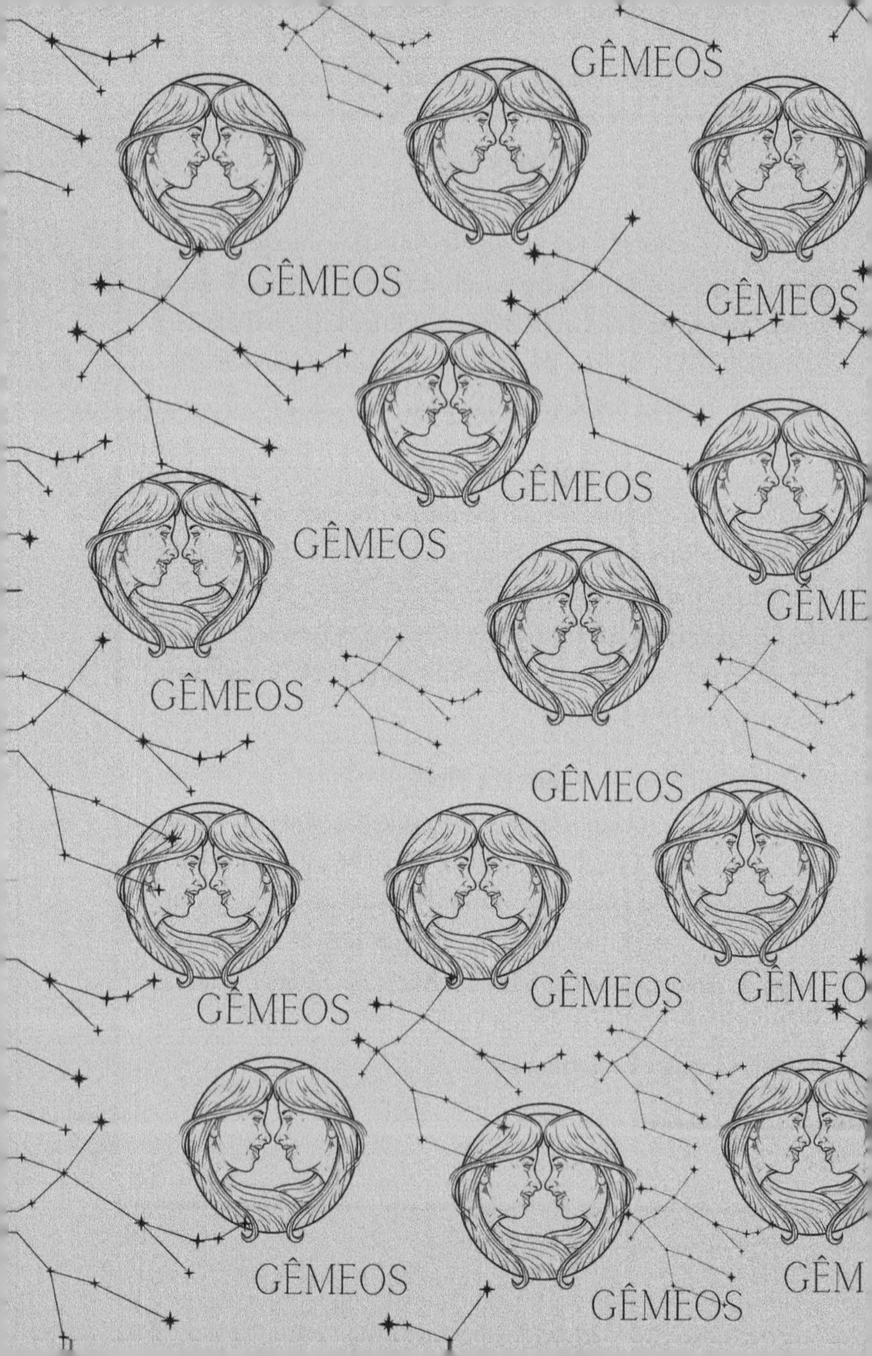
GÊMEOS
GÊMEOS
GÊMEOS
GÊMEOS
GÊMEOS
GÊMEOS
GÊMEOS
GÊMEOS
GÊMEOS
GÊMEOS
GÊMEOS

Notas

Notas

Notas

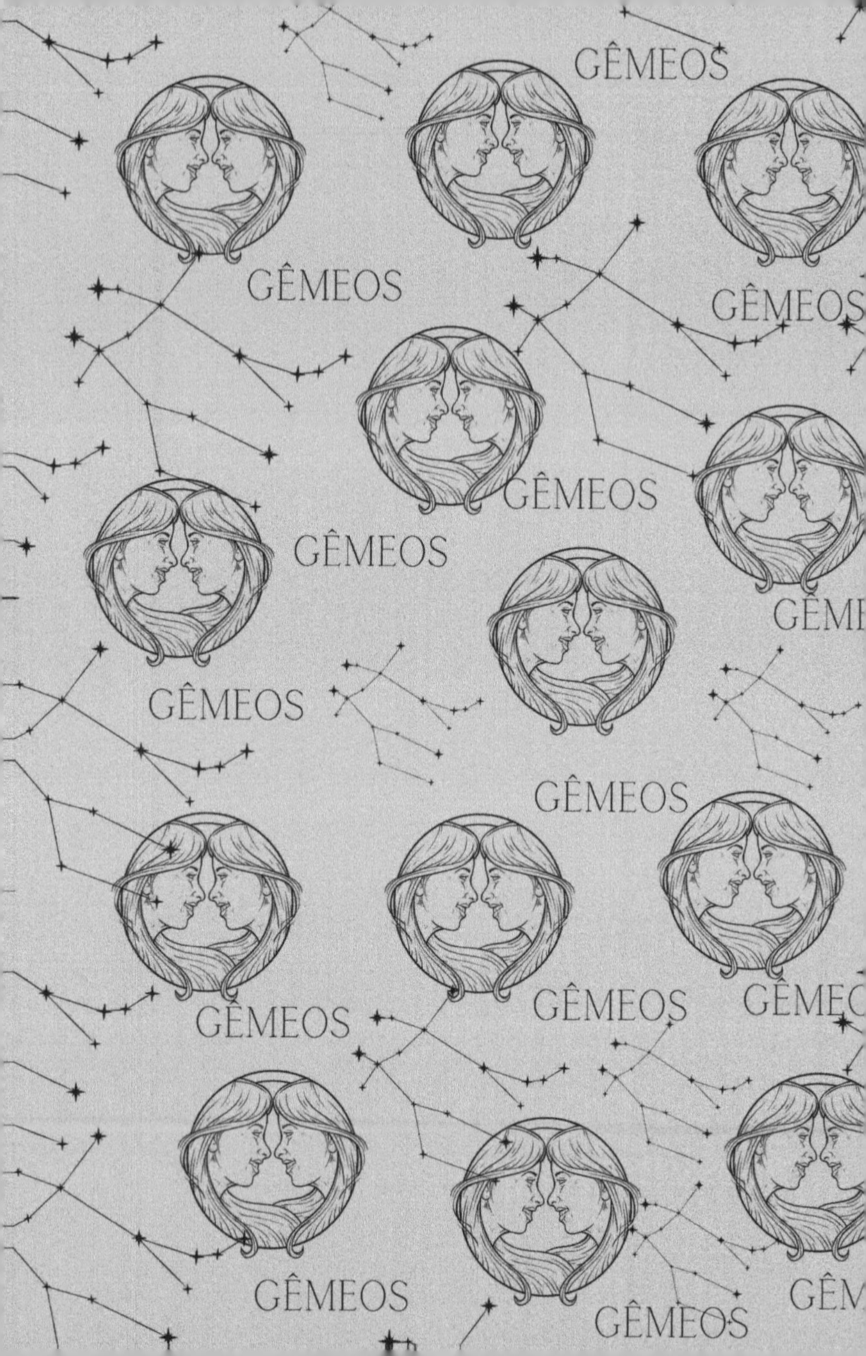
GÊMEOS
GÊMEOS
GÊMEOS
GÊMEOS
GÊMEOS
GÊMEOS
GÊMEOS
GÊMEOS
GÊMEOS
GÊMEOS
GÊMEOS

Esta edição foi composta pela Ardane Books, São Paulo, SP. Os papéis utilizados foram o off set, gramatura 90 para o miolo e cartão triplex para a capa. O texto principal foi composto em fonte Adobe Jenson Pro 11 e entrelinhamento 15 e os títulos em Tekno ICG 14 e entrelinhamento 16. Impresso no Brasil.